DOCTEUR ROBERT GESTIN

Souvenirs
de
l'Armée de Bretagne

(1870-71)

BREST

L. LE BORGNE, Libraire-Editeur

46, RUE ÉMILE ZOLA, 46

MCMVIII

SOUVENIRS

de

L'ARMÉE DE BRETAGNE

(1870-71)

Il a été tiré de cet ouvrage :

5 exemplaires sur Japon Impérial in-8° écu, numérotés de 1 à 5.

10 exemplaires sur Hollande de van Gelder in-8° écu, numérotés de 6 à 15.

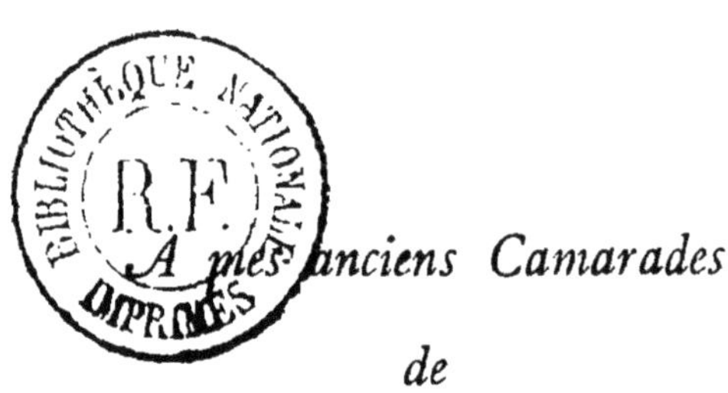

A mes anciens Camarades

de

l'Armée de Bretagne

R. GESTIN.

Souvenirs de l'Armée de Bretagne [1]

(1870-71)

I

Je raconte, dans les pages suivantes, les événements auxquels j'ai assisté il y a trente-huit ans, de Novembre 1870 à Janvier 1871, temps pendant lequel je suis resté attaché à l'Armée de Bretagne, en qualité de médecin en chef. Si les années ont effacé de ma mémoire des détails qui auraient peut-être donné quelque intérêt à mon récit, j'ai du moins gardé un souvenir précis des faits principaux dont j'ai été témoin à cette époque. J'ai pu, d'ailleurs, m'aider, pour cette relation, de l'intéressante histoire manuscrite du premier bataillon des Mobilisés de Brest, par le brave sergent Ernest Robert, mon ancien compagnon d'armes, que je remercie de son obligeance. J'ai aussi puisé de précieux renseignements dans

(1). Extrait des *Mémoires du docteur Robert Gestin.*

le rapport de la Commission d'enquête sur les actes de la Défense Nationale.

J'étais depuis six ans professeur à l'Ecole de médecine navale de Brest et chargé d'un cours et d'un service d'hôpital important quand la guerre éclata, et j'étais loin de penser que je serais appelé à y prendre part. Quoique sans confiance dans son issue, je ne pouvais pas supposer une série de revers tels que la Bretagne entière dût se lever pour se mettre sur la défensive.

Cependant les événements se précipitaient. La défaite inouïe de Sedan et la trahison de Bazaine nous mettaient dans l'impossibilité de résister à l'invasion. N'ayant plus d'armée, mais délivrés des criminels auteurs de cette guerre inepte, nous devions demander la paix et, au besoin, ouvrir aux vainqueurs les portes de Paris. Mais il fallait, disait-on, sauver l'honneur de la France.

Je ne sais en quoi, dans cette situation désastreuse, l'honneur de la France pouvait être compromis ; c'eût été plutôt celui de l'Empire s'il en avait eu. La France recevait le châtiment d'avoir accepté ce Gouvernement né du parjure et des massacres du Coup d'Etat. Mais l'empereur, battu sur notre dos, ayant disparu, et nos armées avec lui, continuer la guerre était absurde et impossible. Je comprends que dans certains cas, on se batte jusqu'à la dernière extrémité, jusqu'à l'écrasement complet ; mais qu'une République poursuive, sans moyens sérieux de résistance, une guerre entreprise dans l'intérêt dynastique d'un aventurier et fasse tuer de pauvres diables qui ne savent seulement pas pour qui ni pour quoi ils se sacrifient : Non ! l'honneur de la République française n'exigeait pas cela. — Aujourd'hui je me demande encore en quoi l'honneur de la France a été plus sauf après les fautes, les défaites, les débandades, les capitulations, les humiliations, les ruines de toutes sortes éprouvées pendant la longue et impuissante résistance qui a suivi l'incroyable sottise militaire de Sedan et le crime de Bazaine. Est-ce que, après la défaite de Sadowa, l'Autriche a attendu pour demander la paix, que Vienne fût prise ? Et l'Europe l'a-t-elle jugée déshonorée de ne s'être pas exposée à de plus grands malheurs ?

Mais il était écrit que nous boirions le calice jusqu'à la lie. Des esprits généreux, mais naïfs, s'étaient figuré qu'avec des troupes levées à la hâte, sans organisation, sans instruction militaire, mal armées, sous la conduite d'officiers de hasard, nous allions bousculer les Allemands, faire lever le siège de Paris et refouler l'envahisseur hors de nos frontières. Bismarck, plus clairvoyant, avait dit : « Vous aurez des bandes, mais pas d'armées. »

Cependant chaque jour aggravait la situation. Il était évident que Paris était perdu, Paris que les sommités militaires disaient imprenable. Devenue libre, l'armée allemande qui assiégeait Metz, s'avançait, poussant devant elle les débris de nos troupes. Le Gouvernement de la Défense Nationale, menacé par l'invasion, se préparait à quitter Tours pour Bordeaux.

C'est alors que, sur l'initiative de M. de Kératry, parti en ballon de Paris, le Gouvernement de la Défense décréta, le 22 octobre 1870, la formation de l'Armée de Bretagne.

Cette armée devait se composer des mobilisés des départements de la Bretagne et du Maine, des mobiles encore disponibles dans les mêmes départements, de tous les corps francs de l'Ouest, de quelques milliers d'hommes d'infanterie de ligne, de quelques escadrons de cavalerie, de quelques marins, etc. Elle devait être de 50 à 60.000 hommes et pouvait même être plus nombreuse, puisque le contingent mobilisable des cinq départements bretons était, à lui seul, de 80.000 hommes. Son objectif était de percer les lignes allemandes et de ravitailler Paris. Elle devait partir du Mans, s'appuyant d'un côté sur l'aile gauche de l'Armée de la Loire, de l'autre sur une armée qu'on devait réunir en Normandie. Enfin, elle était placée sous le commandement de M. de Kératry, ancien officier et député de Brest, nommé général de division auxiliaire, à qui un crédit de huit millions était ouvert. Il fut entendu que l'Armée de Bretagne serait pourvue par l'Etat de fusils à tir rapide, de canons à longue portée, de mitrailleuses, etc.

M. de Kératry avait eu d'abord l'intention d'établir son camp en avant du Mans, mais un des directeurs du ministère de la Guerre, M. de Loverdo, lui ayant dit que le ministère ne comptait pas défendre Le Mans « parce qu'il n'était pas défendable », il chercha une position en arrière et s'arrêta à un plateau ondulé dit de La Jaunelière, situé à environ 25 kilomètres à l'Ouest du Mans et à 1.000 ou 1.200 mètres du bourg de Conlie. C'est ce bourg qui a donné son nom au camp de l'Armée de Bretagne.

Armand Rousseau, ingénieur des ponts et chaussées, alors attaché au service des travaux hydrauliques de la Marine, à Brest, nommé colonel du Génie, fut chargé par M. de Kératry de la direction des travaux d'appropriation et de fortification et se mettait à l'œuvre à la fin d'octobre.

Sans perdre de temps et déployant une activité infatigable, Kératry se mit à parcourir la Bretagne, activant la mobilisation, stimulant le zèle des préfets, visitant les arsenaux, excitant le patriotisme et créant un courant de sympathie et de dévouement pour son œuvre. Partout il affirma qu'il n'obéissait qu'à un seul sentiment, l'amour de la Patrie, et qu'il ne tendait qu'à un seul but, la défense du pays et la protection de la Bretagne, et cela, sans aucune arrière-pensée politique.

Le 29 octobre, à Brest, après avoir passé la revue des mobilisés, il excita l'enthousiasme par une allocution patriotique. On cria : Vive la France ! Vive Kératry ! Mais on cria aussi : Vive la République ! Reprenant la parole, le général, après un roulement de tambours, dit : « Soldats ! je vous rappelle qu'aux termes des règlements militaires, toute manifestation par cris ou gestes sous les armes, est formellement interdite ! » — « Le mécontentement du général, dit Robert, parut évident et le cri de Vive la République jeta un froid dans son âme. La foule avait mêlé ses cris à ceux des mobilisés et quand le défilé passa devant la sous-préfecture, elle répéta : Vive la République et Vive Kératry, son dada du moment » (1).

(1). Robert. — *Le premier bataillon des mobilisés de Brest* ; manuscrit, page 72.

Le surlendemain, à Nantes, Kératry accentua sa neutralité politique à une revue de la garde nationale et dans des réunions où les républicains étaient en grande majorité. Quelques jours après, on disait à Brest que, mis en demeure de se prononcer pour ou contre la République, il s'y était refusé. L'année précédente nous l'avions nommé député contre Conseil, député officiel de l'Empire, et il avait siégé dans les rangs de l'opposition. Quoiqu'il eut voté la guerre, trompé, comme il l'a déclaré, par le maréchal Le Bœuf, nous le regardions, sinon comme un républicain, au moins comme prêt à embrasser l'opinion républicaine ; de sorte que cette réserve parut suspecte à ses électeurs, presque tous républicains. Elle était pourtant justifiée, au moins dans une certaine mesure. Uniquement préoccupé de réunir le plus possible d'adhésions à ses efforts patriotiques, Kératry avait dit à Nantes : « Je ne suis pas venu ici pour faire de la politique, mais pour adresser un appel patriotique à tous les gens de cœur, afin de préserver l'intégrité du territoire et de sauver l'honneur du pays. N'énervons pas la défense nationale par des discussions et des conflits d'opinions ; abdiquons tout esprit de parti pour être tout entiers à une seule tâche, la résistance à l'invasion ».

Ce langage, sans avoir rien d'inquiétant pour

les républicains, inspira confiance aux monar-
chistes, dont beaucoup tinrent à l'honneur de
servir dans l'Armée de Bretagne, et, de toutes
parts, affluèrent les demandes d'engagement et
les dons en argent et en nature.

Malheureusement la défiance inspirée aux
républicains bretons par l'attitude de Kératry
semble s'être communiquée à Gambetta, âme de
la Défense Nationale en province et, non sans
raison, on a cru voir dans cette défiance, bientôt
étendue à tous les mobilisés bretons, la cause du
mauvais et de l'insuffisant armement des troupes
réunies à Conlie et celle de la mise en sous-ordre
du général en chef.

Quoi qu'il en soit, dès le commencement de
novembre, les mobilisés bretons arrivaient au
camp de Conlie. Le 6 novembre il s'y trouvait
6 à 7.000 hommes ; le 15, 13 à 14.000 ; le 21
novembre, 25 à 26.000 ; le 24, au moment du
départ de la division de marche, 35 à 36.000,
sans compter quelques compagnies de mobiles et
de francs-tireurs et quelques marins. Ce nombre
continua à s'élever jusqu'au moment où l'évacuation du camp fut décidée.

II

Au commencement de novembre 1870, M. de Kératry se trouvant à Brest, où il recrutait son personnel officier, offrit le poste de médecin en chef de l'Armée de Bretagne à mon collègue et ami le docteur Gallerand, chirurgien professeur à l'école de médecine navale. Sur le refus de Gallerand il s'adressa à moi. Le poste de chef du service médical, chirurgical et hygiénique d'une armée autonome de 50 à 60.000 hommes, est une des plus hautes et des plus importantes situations que puisse ambitionner un médecin, mais elle implique une énorme responsabilité. Néanmoins je n'hésitai pas à l'accepter. On verra comment, par la force des choses, cette importance et cette responsabilité furent réduites à celles d'un simple médecin de division.

Ma nomination date du 7 novembre 1870. La Marine m'avait cédé sans difficulté, sur la simple demande de Kératry, sans que j'eusse à faire la moindre démarche près de mes supérieurs hiérarchiques. Le général en chef me recommanda de partir le plus tôt possible pour le camp de Conlie et de n'emporter que le moins possible de bagages. Sans perdre de temps, je me fis faire, sur des indications que je croyais sérieuses, un uniforme consistant en un képi orné de cinq petits galons d'argent et un veston en drap bleu avec col de velours grenat sur lequel était brodée la croix de Genève. J'aurais mieux fait de garder ma petite tenue de la marine, comme firent mes camarades du port de Brest qui vinrent me rejoindre peu après.

Avant de partir, je m'étais assuré du concours de quelques camarades et de quelques-uns de mes meilleurs élèves, pour le cas où j'aurais à faire appel à leur dévouement.

Moins de quarante-huit heures après avoir reçu ma nomination, j'étais en route. Le 9 novembre j'étais à Laval, après avoir été obligé de passer une nuit à Rennes. Le 10 j'étais au camp de Conlie. Tout mon bagage était contenu dans une petite malle de fer-blanc avec laquelle j'avais longtemps navigué. Je portais de plus, en bandoulière, une sacoche contenant ma trousse chirurgicale et quelques menus objets. En passant à Laval, j'avais acheté une tente et un sac en peau de mouton, la laine en dedans, pour me servir de couchette en même temps que de couverture.

Quand j'arrivai au camp, 10 à 12.000 hommes

y étaient déjà réunis. Les pompiers de Brest, commandés par Edouard Le Jeune, partis de Brest le 29 octobre pour servir en qualité de pontonniers ou de pionniers dans notre armée, étaient arrivés des premiers et travaillaient à préparer le camp. Le premier bataillon des mobilisés de Brest, commandant Merle, ancien officier d'infanterie, parti de Brest le 4 novembre, s'y trouvait aussi. Sous la direction du colonel Armand Rousseau, les travaux de fortification avançaient et des baraques se construisaient pour les ambulances et les magasins.

J'avais pris pour ordonnance un garçon que m'avait recommandé une propriétaire des environs de Saint-Renan, Mme Russel, au service de qui il était depuis longtemps. Il se nommait Jean Kervraon, il était intelligent et débrouillard. Sa première besogne fut de dresser ma tente. Je choisis ma place sur un terrain en pente légère, non loin du quartier général, qui s'était établi dans une ferme, au centre du camp. Au lieu de faire niveler le sol, comme faisaient les autres, je laissai intacts les sillons sur lesquels je disposai en travers des bouts de planches ramassés par mon ordonnance autour des baraques en construction. Sur ce plancher, qui me défendait suffisamment contre l'humidité de la terre, ma ration de paille étendue comme la litière d'un cheval de bonne maison, me faisait une couchette confortable que couvrait ma peau de mouton. Ma petite malle de fer-blanc complétait mon mobilier.

Ma tente avait la forme d'un cône régulier dont un bâton formait l'axe et la charpente. Je ne pouvais m'y tenir debout qu'au centre, le long de l'axe. Mais comme le diamètre de la base avait environ deux mètres, je pouvais m'étendre tout de mon long sur ma paille. Cette maisonnette en toile mince m'a abrité pendant quinze jours contre les intempéries d'une saison exceptionnellement mauvaise. Je n'y étais pas trop mouillé ; je m'y trouvais bien, seulement peu commodément pour écrire et pas du tout pour m'habiller, puisque pour passer les manches de mon habit, il me fallait être à genoux ou à plat-ventre. Mais je n'y restais guère que la nuit. Les feux étaient éteints à huit heures du soir et l'on se couchait tôt. Ma première nuit fut désagréable, le froid était très vif ; mais les nuits suivantes je dormis bien, grâce à un supplément de paille et à une meilleure installation. A demi déshabillé, glissé dans mon sac dont l'opercule se rabattait sur ma tête, j'entendais fouetter et ruisseler la pluie ou crépiter la grêle et je m'endormais au bruit des rafales qui secouaient et courbaient ma hutte sans parvenir à l'arracher.

Presque tout le jour, j'étais sur pied, examinant le campement des troupes, visitant les malades sous la tente et dans les baraquements. J'avais aussi beaucoup à écrire et je travaillais tous les soirs très tard dans ma tente, assis sur ma malle, les pieds dans la paille. En somme, j'étais fort occupé et le temps me passait vite. J'étais du reste très bien portant et je puis dire que jamais ma santé ne fut meilleure.

Les vieux Bretons n'ont pas oublié le camp de Conlie. On en a beaucoup parlé, pendant et après la guerre, et les critiques qui en ont été faites ont été souvent exagérées. Les vivres n'y ont jamais manqué et ont toujours été de bonne qualité, la paille pour le couchage était régulièrement distribuée et l'état sanitaire est resté satisfaisant. Ce qui rendait le séjour du camp pénible, c'est le mauvais temps presque constant et ses inévitables conséquences. Etabli sur des terres de labour à sous-sol argileux, le camp devait fatalement, par des temps presque toujours pluvieux, devenir un cloaque de boue sous les pieds des milliers d'hommes qui l'habitaient. Dans les bas-fonds c'étaient de véritables lacs au milieu desquels s'élevaient, comme des îles, les baraques d'ambulance et les magasins. Dans ces conditions tous les services étaient difficiles. On ne savait pas toujours où faire faire aux recrues l'exercice que beaucoup, faute de fusils, faisaient avec des bâtons et que beaucoup d'autres, faute de bâtons, ne faisaient pas du tout. Afin de pouvoir circuler, je m'étais d'abord muni de sabots, puis de hautes bottes que, par une manœuvre difficile et pour ne pas souiller de boue mon petit intérieur, je tirais et laissais hors de ma tente, dans laquelle j'entrais en me baissant et à reculons. Après le départ de la division de marche, cet état déplorable ne fit, paraît-il, qu'empirer et devenir encore plus intolérable par les alternatives de gel et de dégel et par l'augmentation de la population du camp.

Le service de santé ne pouvait être organisé que d'une façon rudimentaire dans ce camp naissant où presque tout manquait et qu'on ne regardait que comme lieu de passage. Pendant quelques jours, je me trouvai seul médecin pour une population militaire déjà nombreuse et qui augmentait rapidement. Mais au début il n'y eut heureusement que peu de malades et bientôt des aides m'arrivèrent de Brest. Bientôt aussi mon service, et par conséquent ma responsabilité, se trouvèrent très simplifiés par un arrêté du général en chef qui plaçait les ambulances du camp sous la direction de M. Foucher de Careil, qui n'était pas médecin, mais qui est devenu sénateur quelque temps après la guerre. Quoique j'eusse, en ma qualité de médecin en chef, la charge de tout ce qui concernait la santé de l'armée, et quoique la nomination de M. Foucher fût un amoindrissement de mes attributions, je ne voulus pas donner ma démission ; je n'élevai même aucune protestation, craignant pour une question d'amour-propre, de jeter quelque trouble dans le service des malades. Je crois que M. Foucher de Careil ne s'est guère occupé de la direction qui lui avait été confiée. Il avait le titre de directeur des ambulances de l'Armée de Bretagne et ce titre lui suffisait. Je ne me rappelle pas l'avoir vu au camp et je ne sais pas s'il était rémunéré.

Quant aux ambulances, devenues indépendantes de ma modeste autorité, je ne puis dire quels services elles ont rendus. Il en était arrivé plusieurs au camp de Conlie dans le courant de novembre. Elles avaient été formées dans quelques villes de la Bretagne et étaient composées de médecins civils, qui, par pur dévouement, avaient quitté leurs familles et leur clientèle. Il en vint une composée d'éléments étrangers et dont les intentions parurent, peut-être à tort, suspectes. En ce temps-là on voyait parfois des espions là où il n'y en avait pas et, sans s'en douter, on en coudoyait parfois de véritables. L'autorité maritime de Brest avait aussi organisé une ambulance. Elle était plus importante et mieux pourvue que les ambulances civiles. La direction en avait été confiée au docteur Cras, opérateur très distingué et professeur à l'école de médecine navale.

Cette ambulance, exclusivement composée d'officiers du corps de santé de la marine, a suivi la division de marche commandée par le général Gougeard et a rendu de grands services. Aux archives du Conseil de Santé de la Marine de Brest, on trouverait peut-être des renseignements sur l'ambulance de la marine. Qu'est-elle devenue pendant la marche de la division Gougeard ? Où était-elle pendant l'affaire de Droué ? Si elle était en arrière, elle a dû être faite prisonnière et je ne crois pas que cela soit arrivé. J'ignore également ce que devinrent les autres ambulances.

Je m'étais entendu avec M. Rochard, directeur du service de santé de la marine à Brest, pour le personnel et les approvisionnements dont je pourrais avoir besoin. En raison de l'augmentation de la population du camp, je dus le prier de m'envoyer quelques jeunes médecins de bonne volonté et je désignai, entre autres, MM. Francisque Guyot, J.-B. Bréhier, Symonneaux, Déalis de Saujean, etc., simples étudiants, mais jeunes gens d'élite, sur lesquels je savais pouvoir compter en toutes circonstances. On leur donna le grade d'aides-médecins auxiliaires et je les attachai à divers bataillons de marche en qualité de médecins-majors. Je n'attendrai pas la fin de ces pages pour rendre à ces braves jeunes gens, ou à la mémoire de ceux d'entre eux qui ne sont plus, l'affectueux et cordial témoignage de ma sympathie et de ma reconnaissance personnelle pour leur courageux dévouement, leur sang-froid dans le danger, leur tranquille endurance contre les fatigues, le froid, les privations ; enfin pour les rares qualités qui font le parfait médecin militaire. Pour toute récompense, ils furent licenciés !

III

L'administration du camp de Conlie, confiée, non à l'intendance militaire, mais à un commissariat civil composé seulement de quelques agents, était très simple, s'apercevait à peine et fonctionnait très économiquement, presque sans paperasses et parfaitement sous tous les rapports.

Du jour où M. de Kératry donna sa démission de général en chef, l'Armée de Bretagne perdit son autonomie. Elle perdit du même coup tout crédit et se trouva, dès la fin de novembre, dans l'impossibilité de renouveler ses approvisionnements et de payer ses fournisseurs et ses troupes. Ces mêmes difficultés subsistèrent longtemps encore après que l'administration du camp eut été remise à l'intendance militaire, laquelle s'était immédiatement substituée au commissariat civil. Ce ne fut qu'à grand'peine et seulement dans les premiers jours de janvier, qu'on put obtenir du ministère de la Guerre les crédits nécessaires. Il faut dire que l'Intendance avait approuvé pleinement et avec éloges la gestion civile du camp, avait renouvelé les mêmes marchés et avait administré selon les mêmes règles.

Quant à la division de marche dont je parlerai bientôt, partie de Conlie le 24 novembre, elle était versée le 27 dans le 21e corps et, *ipso facto,* soumise à l'administration de l'autorité militaire. Il y avait plus d'un mois que je faisais partie du 21e corps en qualité de médecin en chef de la division de Bretagne, quand un intendant militaire vint fort courtoisement à Yvré-l'Evêque m'offrir ses services. Je le remerciai, lui disant que j'avais l'habitude de me débrouiller seul. Je ne le revis plus.

Comme bien on pense, la vie au camp de Conlie n'avait rien de gai. Mais grâce aux occupations de service, le temps passait. Une nuit, comme tout le monde, sauf les hommes de garde, dormait profondément, le camp fut éveillé brusquement par une détonation, par le bruit des tambours et des clairons et le cri « Aux armes ! » En un instant je fus hors de ma tente et rendu au quartier général. C'était tout simplement une alerte commandée par le général, qui voulait se rendre compte de la rapidité et de l'ordre avec lesquels chacun se rendrait à son service. L'expérience parut satisfaisante. Les hommes se réunirent et se rangèrent, l'appel fut fait par les capitaines et, quelques instants après, on reprenait en chœur les ronflements interrompus.

Il était à prévoir que dans ce grand rassemblement d'hommes, militarisés de la veille, la discipline ne serait pas toujours strictement observée. Maintes fois, en effet, des infractions avaient été commises, sur la plupart desquelles on avait fermé les yeux. Quelques désertions même avaient eu lieu sans qu'on eût recherché les coupables. Mais un jour, le bruit se répandit dans le camp qu'un acte très grave d'indiscipline s'était produit dans un des bataillons des mobilisés de Rennes.

Des hommes de ce bataillon avaient accueilli par des murmures et même par un refus, l'ordre d'aller camper un peu plus loin, à une place creusée, disaient-ils, de nombreux trous pleins d'eau. L'un des récalcitrants, qui était pris de boisson, avait même frappé un de ses officiers, son compatriote et son camarade. Arrêté aussitôt, ainsi que deux autres mobilisés qui avaient pris son parti, tous trois furent traduits devant un conseil de guerre qui les condamna, le premier à la peine de mort, les deux autres à deux ans de prison.

Le lendemain, 19 novembre, à 10 heures du matin, toutes les troupes disponibles du camp, 25 à 30.000 hommes, furent dirigées vers un vaste plateau situé au Nord du campement, où elles se rangèrent, en formant trois côtés d'un grand carré, les tambours et les clairons au centre avec un groupe d'officiers, le bataillon de Rennes étant placé dans la partie la plus rapprochée du lieu de l'exécution.

L'armée ainsi disposée, arrive le peloton d'exécution qui s'arrête entre le centre et le côté ouvert du carré. Annoncé par un roulement de tambours et le commandement « Garde à vous ! » le général, à cheval, accompagné de son état-major et d'une escorte, s'avance au milieu du carré. Il est bientôt suivi d'une voiture fermée, escortée de gendarmes et contenant le condamné. Elle s'arrête près du peloton. Le condamné en descend avec un prêtre. Sa contenance est ferme. On lui bande les yeux, on le place en face du peloton. Roulement de tambours. — Le greffier militaire lit la sentence de mort — Autre roulement. L'armée présente les armes. Le peloton fait le mouvement « Apprêtez armes ! » L'émotion est à son comble, le silence profond. Le général s'avance de quelques pas, lève la main et dit d'une voix haute et claire : « Officiers, sous-« officiers et soldats, depuis quelque temps des « actes d'indiscipline se sont manifestés dans le « camp. Il faut y mettre un terme. La justice a « prononcé. J'espère que de semblables faits ne « se renouvelleront pas. Quoique sans autori-« sation du Gouvernement, je prends sur moi de

« proclamer l'amnistie pour toutes les condamna-
« tions encourues jusqu'à ce jour. »

Le condamné oscille comme s'il allait tomber, il ne paraît pas bien sûr d'être encore en vie. L'aumônier se jette aux pieds du général. L'armée crie : « Vive le général ! Vive la République ! » ce qui motive un rappel au règlement qui défend les cris sous les armes.

D'après un article de M. de Kératry, inséré dans le *Journal de Bretagne* du 24 décembre 1893, une vieille paysanne, la mère du condamné, accourue à la nouvelle de la condamnation de son fils, aurait percé les rangs des troupes, se traînant sur les genoux et demandant grâce. Je ne l'ai pas vue. J'étais pourtant tout près. M. de Kératry ajoute que l'émotion profonde et le profond silence de l'armée pouvaient faire craindre une explosion, que le terrifiant exemple donné au coupable et aux troupes suffisait, et qu'il n'a pas eu à regretter le parti qu'il a pris. Oui, l'exemple était très suffisant et il ne fallait pas le pousser jusqu'au bout, quoi qu'il n'y eût pas d'explosion à craindre. Cette grâce, accordée *in extremis,* a produit un immense soulagement à nos 30.000 poitrines et non seulement le général n'a pas eu à regretter sa décision, mais son acte, habile autant qu'humain et généreux, a augmenté son prestige, tout en relevant l'esprit de discipline dans son armée. — Seulement nous avons tous pensé que ce n'est pas sur le moment même qu'il s'est décidé à prononcer l'amnistie. Sa résolution était prise d'avance. Quoi qu'il en soit, le dénouement de cette scène émouvante, au milieu de cet appareil grandiose, a été parfaitement amené et fut d'un excellent effet. On était loin de s'y attendre. La veille, plusieurs officiers avaient insisté près du général pour qu'il fît grâce de la vie au malheureux mobilisé ; mais il était resté inébranlable, disant qu'il fallait un exemple.

Le soldat gracié fut réclamé par un autre bataillon. Il ne pêcha plus, paraît-il.

Le lendemain, par assez beau temps, eut lieu une marche militaire sur la route de Mayenne. Il y eut quelques traînards et même, au retour, je dus hisser sur mon cheval un pauvre mobilisé épuisé. Cette épreuve fut jugée satisfaisante ; il est vrai qu'elle ne s'était pas trop prolongée.

IV

Comme je l'ai déjà dit, sauf le mauvais temps et la boue, on n'était pas trop mal au camp. Mais on s'y impatientait. Ceux surtout qui y étaient depuis le commencement et qui étaient armés, demandaient à marcher. Chaque jour de nouveaux bataillons arrivaient, et nous étions plus de 30.000 quand le bruit commença à courir qu'une division allait entrer en campagne sous la conduite du général Kératry.

En effet, les Allemands s'avançaient vers l'Ouest. Le corps commandé par le grand-duc de Mecklembourg avait occupé, le 20 novembre, Dreux, La Loupe, etc., battant et poussant nos détachements disséminés devant Nogent-le-Rotrou et la Ferté-Bernard, et déjà les avant-gardes de l'ennemi entraient à Vibraye et à Saint-Calais, menaçant Tours et Le Mans. Le général français Fiérech, taxé d'incapacité, mais mal secondé et ne possédant que de faibles moyens de résistance, était destitué et remplacé par le capitaine de vaisseau Jaurès, promu général.

C'est dans ces conjonctures que le Gouvernement de la Défense Nationale ordonna à M. de Kératry, par dépêches de Tours et du Mans, des 21 et 22 novembre, de se concerter avec M. Jaurès pour couvrir Alençon et Le Mans, dont les Allemands semblaient plutôt se rapprocher.

Le général de Kératry nous fit connaître cet ordre, et nous déclara qu'il n'emmènerait que des hommes de bonne volonté. Tout le camp aurait voulu le suivre, mais les trois quarts de nos hommes étaient sans armes. Les 12.000 qu'il désigna étaient armés d'une manière irrégulière, avec diverses sortes de fusils, armes de pacotille venues d'Amérique, dont beaucoup ne pouvaient pas tirer, soit que les cheminées ne fussent pas forées, soit pour quelque autre défaut. Beaucoup étaient dépourvues de baïonnettes ou des accessoires indispensables, comme aiguilles de chassepot, nécessaires d'armes, etc... La plupart étaient sans munitions ou avec des cartouches ne s'adaptant pas à l'arme, etc. Le bataillon de Brest, averti dès le 23 qu'il ferait partie de l'avant-garde, reçut des chassepots au dernier moment, mais sans baïonnettes et sans cartouches. Le général, activement secondé par les officiers de son état-major, avait fait tous les efforts possibles pour obtenir des fusils à tir rapide, mais il s'était heurté partout à de continuelles difficultés et même à des refus. Il semblait y avoir un parti pris de ne pas armer les Bretons.

Malgré l'insuffisance de son armement, la division de marche, renforcée de quelques détachements de troupe de ligne et de francs-tireurs et formant un corps d'environ 15.000 hommes, quittait le camp de Conlie le 24 novembre 1870, à 4 heures du matin et commençait à embarquer dans les trains attendus depuis la veille. Le transport, retardé par le service ordinaire de la voie, par l'encombrement des gares, par l'attente d'armes et de munitions, se prolongea toute la journée et une partie de la nuit. A mesure que les troupes débarquaient au Mans, elles étaient dirigées, à pied, sur Yvré-l'Evêque, à 6 kilomètres à l'Est du Mans et campaient entre les hauteurs qui dominent le village et la petite rivière de l'Hûisne. Les tentes furent dressées près de la rivière. Le temps s'était amélioré.

Pensant bien que dans la campagne que nous allions faire, je trouverais asile chez l'habitant et ne voulant pas m'embarrasser de bagages pour circuler à travers champs et bois, j'avais laissé ma tente à Conlie, à un officier qui n'en avait pas. A Yvré, je fus logé confortablement, à l'abri des intempéries, dans une vraie chambre, avec un vrai lit, une table, une cheminée, etc. Je ne me rappelle plus chez qui j'étais. Si mon ancien hôte vit encore et s'il lit ceci, qu'il recoive de nouveau mes remerciements. Je me souviens seulement de l'aventure arrivée à mon cheval, tombé dans la cave d'une maison.

Mon cheval, qui se nommait Marquis, était un bel animal, grand et solide, que j'avais choisi à Conlie parmi plusieurs autres, lors de la distribution des montures aux officiers. En arrivant à Yvré, mon ordonnance le conduisit dans une cour, au fond de laquelle il croyait trouver une écurie. C'était la cour de la maison d'école. L'instituteur nous dit que l'écurie était dans une cour voisine et qu'il n'y avait qu'à traverser sa classe pour y arriver. Jean, tirant Marquis par la bride, entre dans la maison. Mais au milieu de la classe, où il n'y avait heureusement personne, le parquet carrelé s'effondre sous le poids du cheval. Celui-ci reste suspendu, accroché à deux poutres, par la patte gauche de devant et la patte droite de derrière ; Jean saute dans la cave et, très adroitement, très vite, au risque de se faire écraser, décroche l'une après l'autre, les pattes de Marquis, lequel tombe debout, tout tremblant, mais non blessé, sur le sol de la cave. Mais comment le sortir de là ? Il fallut démolir la partie du mur au-dessous du seuil de la classe et faire un plan incliné. Ce ne fut pas long et bientôt Marquis se remettait de son émotion devant une mangeoire bien garnie. Un jeune vétérinaire arriva qui voulut le saigner. J'étais là heureusement et j'économisai un bon litre de sang à mon brave cheval.

Le lendemain de notre arrivée à Yvré, on se reposa, on fit l'exercice du fusil, on tira à la cible. Mais pendant la nuit, le général fut informé que les Allemands occupaient Saint-Calais et qu'une colonne de 10.000 hommes était envoyée par le général Jaurès pour s'opposer à la marche de l'ennemi sur Tours. Le général de Kératry résolut d'appuyer cette opération et le 26, dans la matinée, laissant 2.000 hommes et 3 petits canons pour garder Yvré et le pont de l'Huisne, nous partions en trois colonnes, nous dirigeant vers Saint-Calais par la route de Bouloire, la colonne de droite commandée par le général Trinité, celle de gauche par le général Gougeard, celle du centre par le général en chef, près de qui je marchais. Après une courte halte près de Bouloire, nous nous remettions en route. Vers 4 heures, notre avant-garde, formée d'un demi escadron de cavalerie, entrait à Saint-Calais. Les Allemands en étaient partis depuis quelques heures et quant à la colonne envoyée par le général Jaurès, elle n'avait pas paru. Après quelques instants de repos, nous reprenions la route d'Yvré, où nuos arrivions avant minuit. Cette longue marche avait été exécutée avec entrain et en bon ordre. On croyait marcher à l'ennemi et recevoir bientôt le baptême du feu. Les marins avaient traîné leurs canons à bras, faute de chevaux et de harnais.

En rentrant à Yvré, le général adressa au ministre une dépêche rendant compte de cette reconnaissance et ajoutant que la division avait fait preuve d'excellentes qualités. Mais ce n'était pas devant nous que les Allemands s'étaient retirés. Ils avaient en même temps évacué Connerré, sur la route de Paris au Mans. C'étaient sans doute de simples reconnaissances de cavalerie.

Le 27, la division resta au camp, où le soir nous vîmes arriver une petite troupe de nos francs-tireurs, emmenant prisonniers trois uhlans et deux chevaux. C'étaient de ces éclaireurs que les troupes allemandes se faisaient toujours précéder et qui s'étaient avancés jusqu'aux environs d'Yvré.

Ce même jour, M. de Kératry étant retourné à Conlie pour préparer une deuxième division de marche, y reçut le télégramme suivant qui le plaçait sous les ordres de M. Jaurès.

« Tours, 27 novembre 1870, 2 h. 35 soir. Délégué Guerre à général de Kératry, commandant Armée de Bretagne. — Le ministre de l'Intérieur et de la Guerre a décidé, hier, d'établir l'unité dans le commandement supérieur de toutes ses forces, y compris celles placées sous votre autorité directe. Le ministre me charge de vous en informer. Je vous prie, en conséquence, de vous conformer aux instructions que vous donnera Jaurès sur toutes les opérations militaires. Le Gouvernement avait espéré que vous feriez une marche plus rapide en avant au lieu de rester à Yvré-l'Evêque. Je compte toujours sur votre vaillant concours. De Freycinet. »

Une heure après la réception de ce télégramme, M. de Kératry avait donné sa démission. Il devait s'attendre à ce coup. Le 24, entre huit et dix heures du soir, pendant que la division de marche arrivait au Mans, il avait été mandé par le ministre Gambetta, dans le cabinet du préfet de la Sarthe, où se trouvait le capitaine de vaisseau Jaurès, récemment nommé général. Celui-ci ayant, sur l'invitation du ministre, développé son plan de campagne, le ministre demanda à Kératry s'il était prêt à marcher dans les conditions qui venaient d'être indiquées. Kératry fit des objections au plan de Jaurès, notamment en ce qui concernait le rôle de l'Armée de Bretagne, laquelle était loin d'être prête, même la division de marche qui en ce moment arrivait à Yvré. Il dit qu'il fallait achever l'organisation de cette armée, lui donner des armes, former successivement de nouvelles divisions, etc., et que, cela fait, les troupes de Bretagne pourraient concourir efficacement à la défense nationale.

Mis en demeure de s'associer ou non au plan de Jaurès, Kératry répondit qu'il obéirait, mais à des ordres écrits.

Il dut, dès ce moment, comprendre que c'en était fait de sa position de général en chef. Du reste, divers symptômes avaient annoncé la disgrâce, non seulement du général, mais de l'Armée de Bretagne elle-même, et, entre autre, le mauvais vouloir du Gouvernement à lui donner des armes (1).

On a dit que ce revirement du Gouvernement dans ses dispositions à l'égard de l'Armée de Bretagne venait de l'opinion que cette armée, que l'on supposait animée d'aspirations royalistes, serait un danger pour la République. Or, jamais, à ma connaissance, aucune opinion politique ne

(1) Si j'en crois les dépêches reproduites dans l'enquête officielle sur l'Armée de Bretagne (et on ne saurait douter de leur authenticité), il y aurait eu de singulières contradictions dans les ordres donnés par le Gouvernement. Le 23 novembre, au matin, Gambetta télégraphiait à Kératry : « Venez, nous combattrons ensemble. » Le 24, à 2 heures du matin, du même au même : « Le chemin de fer est prêt à transporter vos troupes en avant. » Le même jour, à 4 heures du matin, dépêche à l'artillerie à Rennes : « Défense formelle de rien délivrer à Kératry, ni batteries, ni armes, ni munitions, etc. ».

s'est manifestée ni au camp de Conlie ni dans la division de marche. Bien plus, contrairement à cette appréhension, je suis convaincu que la grande majorité de nos hommes se serait prononcée pour la République.

Le ministre Gambetta ayant par sa dépêche du 27 novembre abrogé le décret du 22 octobre constituant l'armée autonome de Bretagne, la division de marche, ainsi que toutes les troupes réunies à Conlie, rentrait dans le régime commun. Etait-ce un bien ? Je ne sais. Ce qui est certain, c'est que cette mesure n'a été suivie d'aucun effet utile et qu'elle n'a ni empêché ni retardé la débâcle du Mans. Ce que j'affirme aussi, c'est que la démission du général causa des regrets unanimes dans la division. M. de Kératry avait gagné la confiance de tous par son inlassable activité, par son intelligence et le soin avec lequel il veillait à tout. Je suis sûr que l'Armée de Bretagne, y compris la division de marche, si elle avait été consultée, eut été unanime à vouloir le garder à sa tête et je crois qu'aucun autre général n'aurait pu acquérir plus d'influence que lui sur cette jeune armée sans expérience.

« Je crains, dit Gougeard lui-même, dans
« une lettre du 28 novembre 1870 au général
« Jaurès, en prenant le commandement de la
« division de marche, que la dissolution de cette

« armée et la disparition de celui qui, depuis
« deux mois, travaille à l'organiser, ne porte
« une sérieuse atteinte au moral du soldat et
« même de bon nombre d'officiers. »

Quand le 27 au soir, Kératry nous réunit
autour de lui à Yvré pour nous annoncer sa
démission, l'impression fut profonde. Il nous dit
que s'il nous quittait comme général, il viendrait
parmi nous comme soldat quand aurait lieu la
levée du dernier ban des mobilisés. Plusieurs
officiers insistèrent pour qu'il retirât sa démission,
mais sa résolution resta ferme, malgré aussi les
regrets, de pure politesse il est vrai, exprimés
par Gambetta peu après. A moins d'être doué
d'une abnégation bien rare, Kératry ne pouvait
pas accepter une position subalterne dans l'armée
qui était son œuvre, qu'il avait formée à si
grand'peine et dans l'esprit de laquelle son autorité eut peut-être encore été amoindrie par le
blâme, cependant injuste, de la dépêche minis-
térielle.

V

Conformément aux ordres du ministre, M. de Kératry laissait le commandement du camp de Conlie au général Le Bouédec et celui de la division de marche au général Gougeard. Celle-ci devenait la quatrième division du 21e corps, commandé par le général Jaurès qui, lui-même, était sous les ordres du général Chanzy, général en chef de la deuxième armée de la Loire.

Quant à moi, je me trouvais dans une fausse position par suite de la démission de Kératry et de la dislocation de l'Armée de Bretagne. Nommé par Kératry, qui n'était plus rien, médecin en chef d'une armée qui n'existait plus, je n'étais moi-même plus rien. Je pouvais, sans scrupule, profiter de l'occasion pour rentrer chez moi et reprendre mon service à l'hôpital maritime de Brest, où la besogne ne manquait pas. Pour être fixé j'écrivis au ministre de la Guerre, ne lui demandant ni à rester ni à partir, et pensant qu'on m'enverrait peut-être un remplaçant appartenant au service de santé de l'armée de terre, comme on envoyait un intendant. Ma lettre resta sans réponse. Mais les jours s'écoulaient, la division se préparait à partir, le nouveau général ne me disait rien, personne ne se présentait pour prendre ma place. Je restai : c'était forcé, je ne pouvais pas abandonner le service que j'avais entre les mains et qui m'occupait beaucoup, et du rang de médecin en chef d'une armée considérable, je descendis, de moi-même et sans rien dire, à la position modeste de médecin de division.

Je restai donc volontairement sous les ordres de M. Gougeard, capitaine de frégate, général de brigade auxiliaire. Je ne le connaissais pas, non plus que son chef d'état-major, le lieutenant de vaisseau Besnard, nommé colonel auxiliaire, homme d'une taille colossale, aussi grand que Gougeard était petit. Le hasard fait parfois de ces contrastes que prépare sans doute une secrète affinité. On sait que Gougeard, puis Besnard, sont devenus ministres de la Marine.

D'après la brochure publiée par M. Gougeard en 1871 (*page 24*), la division de marche des forces de Bretagne, dont il avait le commandement, se composait de 14.000 hommes, mobilisés, mobiles, infanterie de ligne, artillerie, cavalerie et francs-tireurs. — Dans l'énumération qu'il fait des bataillons mobilisés, il oublie le corps des sapeurs-pompiers de Brest, commandé par le brave Edouard Le Jeune et le premier bataillon des mobilisés de Brest sous les ordres du commandant Merle, docteur Anner médecin-major, composé de 1.369 hommes en 10 compagnies. Ces deux corps, qui formaient une véritable élite, ont pourtant marché, pendant toute la campagne, à la tête de la division. Cet oubli, que je veux croire involontaire, donne malheureusement quelque fondement à l'opinion avancée par le sergent Robert, que le général et son chef d'état-major n'aimaient pas les Brestois, sans doute parce que ceux-ci pouvaient être soupçonnés de regretter Kératry. S'ils l'ont regretté, ils n'en ont jamais, à ma connaissance, rien laissé paraître et ils n'en ont pas moins toujours fait bravement leur devoir.

Pressé par le ministre de la Guerre de marcher en avant pour seconder le général Jaurès, Kératry avait déclaré qu'il avait besoin (ce dont on lui avait fait un reproche officiel) de quelques jours pour s'organiser, armer les hommes, leur apprendre les éléments du maniement du fusil, etc., et préparer d'autres divisions au camp de Conlie.

Gougeard, en prenant le commandement de la division de marche, écrivait d'Yvré, le 28 novembre, au général Jaurès, les mêmes déclarations, à savoir « que ses hommes n'avaient aucune instruction militaire, qu'ils étaient incapables d'entrer en mouvement offensif, qu'ils ne pourraient que rester dans une position défensive, qu'on avait à distribuer des armes et des munitions arrivées le jour même et qu'il fallait par conséquent rester quelques jours à Yvré. »

On resta donc à Yvré malgré l'impatience du ministère de la Guerre de nous lancer en avant. Pendant ces quelques jours de préparation hâtive, aucun incident notable ne se produisit. Je fis la connaissance de Gougeard dont je suis resté l'ami jusqu'à la mort et celle des officiers composant l'état-major.

L'ennemi n'était pas loin. Nos francs-tireurs en grand'garde lui avaient tué quelques cavaliers isolés qui poussaient leur reconnaissance jusqu'à petite distance de notre campement.

Une semaine après la prise de commandement de Gougeard et dix jours après notre départ de Conlie, le 4 décembre 1870, nous levions le camp d'Yvré-l'Evêque et nous nous mettions en marche vers Saint-Calais. Nous avions été avisés, la veille, que l'armée ennemie, sans doute dans un but stratégique, se retirait vers l'Est.

Notre première étape nous conduisit à Ardenay, à quelques kilomètres seulement d'Yvré. Le temps était glacial. On campa, mais la terre était si dure qu'il fut très difficile à ceux qui avaient des tentes de les dresser. J'ai dit que j'avais laissé la mienne à Conlie. Mon bagage était réduit à sa plus simple expression. Je ne me rappelle pas où ni comment je passai la nuit. Elle fut cruelle pour ceux qui n'avaient pas d'abri.

Le 5, continuant notre chemin, nous arrivions à Bouloire, à 23 ou 24 kilomètres d'Yvré. Les Allemands avaient occupé cette localité et ne l'avaient quittée que le 27, jour de notre reconnaissance sous la conduite de Kératry.

Le 6, après avoir croisé en route des gens qui déménageaient, chose que nous avons vue souvent pendant nos marches, le 6, nous étions à Saint-Calais. On s'arrêta sur les hauteurs qui dominaient la ville. Le temps, toujours glacial, et la neige chassée par le vent du Nord, promettaient une nuit peu agréable en plein air. Beaucoup de soldats quittèrent le campement pour aller chercher un abri en ville. Il en résulta quelque désordre. Le sergent Robert raconte qu'il fut assez heureux pour être reçu avec deux camarades chez une vieille dame qui leur donna à manger et qui les coucha. Quelques jours auparavant, les Allemands avaient fusillé un franc-tireur qu'ils avaient trouvé chez elle. Dans le cours de la campagne, j'ai plus d'une fois entendu parler avec épouvante et horreur de ces exécutions sommaires et je me rappelle que dans une petite localité dont je n'ai pas retenu le nom, on m'a montré, au bord de la route, le mur d'une maison couvert des éclaboussures du sang de quelques malheureux, soupçonnés d'avoir tiré sur les envahisseurs, et fusillés par eux sans aucune forme de procès. Nos ennemis redoutaient et détestaient tout particulièrement les francs-tireurs ; aussi quand ils en tenaient, ils ne les manquaient pas. Ils devaient avoir des ordres impitoyables de leurs chefs à l'égard de tous ceux qui, n'étant pas militaires réguliers, étaient pris les armes à la main ou étaient seulement soupçonnés de s'être livrés à des actes d'hostilité contre eux.

A notre division étaient attachées six compagnies de francs-tireurs qui avaient été réunies en un bataillon. Ces compagnies, au dire de Gougeard, avaient rendu de bons services au début de la campagne et plusieurs avaient eu des engagements d'avant-postes. Mais au retour de la division à Yvré, la plupart avaient demandé à être dissoutes ou renvoyées dans leurs départements ; si bien qu'en janvier, à la reprise des hostilités, il n'en restait qu'une, celle de Fontainebleau à laquelle, le jour de la prise du Mans, vint se joindre celle de Tours. Toutes deux déployèrent la plus grande vigueur pour arrêter l'ennemi et soutenir la retraite.

S'il est vrai que la plupart des francs-tireurs

de 1870 se sont engagés par pur esprit de dévouement et de patriotisme et se sont noblement conduits, d'autres ont plutôt obéi à l'amour du plu-
met et des uniformes de fantaisie. Ces derniers se
sont vite lassés d'un métier trop rude pour eux.
Il faut avouer qu'il y en a eu d'autres encore
(je ne parle pas des Bretons) qui, vrais pillards,
se sont fait craindre et détester autant que les
Prussiens.

C'est dans la lutte contre une invasion que
les compagnies franches pourraient jouer un rôle
important. Je parle de compagnies d'hommes
solides, rompus à la fatigue et aux privations,
braves et prudents, bons tireurs, connaissant le
pays où ils auraient à opérer, etc. De tels hommes
seraient les plus précieux auxiliaires d'une armée
en campagne. Mais pour éviter d'être fusillés,
dans le cas où ils seraient capturés, il faudrait
qu'ils fussent incorporés, sous le nom de compagnies d'éclaireurs, par exemple, dans les régi-
ments dont ils formeraient l'élite et dont ils
porteraient l'uniforme.

VI

A Saint-Calais, nous vîmes, pour la première fois, des maisons sur la porte desquelles étaient restées des croix et autres indications tracées à la craie par les fourriers allemands pour désigner les logements destinés aux officiers et que les habitants n'osaient pas effacer. Plus tard, même la paix signée, on voyait encore de ces marques dans les localités où nos vainqueurs s'étaient arrêtés.

Nous quittâmes Saint-Calais pour aller camper à deux ou trois kilomètres plus loin sur les hauteurs de Marolles, aux confins de la Sarthe. Les braves sapeurs-pompiers de Brest, qui nous précédaient presque toujours, étaient déjà occupés à faire des tranchées et des épaulements en cas d'attaque, l'ennemi étant à peu de distance. On passa la nuit dans cette position assez favorable à la défense.

Le jour suivant, 7 décembre, nous entrions dans le département du Loir-et-Cher. Après une longue et fatigante marche nous arrivâmes à

Epuisay, où l'on ne prit pas le temps de se reposer. Le sergent Robert dit que les Allemands avaient emmené en otage des jeunes gens de cette commune. — Depuis le matin nous entendions le canon. Un moment, les détonations paraissant se rapprocher, on fait halte ; l'artillerie se met en position et. l'infanterie se range en bataille. « Le docteur Anner ouvre tranquillement sa trousse sur une grosse pierre au bord du chemin. Après quelques minutes, ajoute Robert, on voit arriver une estafette qui porte l'ordre de continuer dans la même direction. » On repart ; nous atteignons et nous traversons le bourg de Danzé. La neige et le verglas rendent la marche difficile, quoique le pays soit tout en plaine. Enfin, le soir, nous arrivons à la Ville-aux-Clercs. Cette petite ville avait été traversée plusieurs fois par des colonnes de troupes et occupée par les Allemands. Elle était ruinée, elle n'avait fait aucune résistance. Les pompiers de la ville et la garde nationale avaient été, dit Robert, réunis sur la place et désarmés et leurs fusils avaient été brisés.

Nous avions l'ordre de camper là. On ne trouva même pas la paille nécessaire pour se coucher sur la terre gelée. Le soir, au camp, on donna lecture d'un ordre du jour du Gouvernement de la Défense Nationale, faisant connaître une brillante sortie du général Ducrot et les grandes pertes des assiégeants, exprimant l'espoir que, dans un effort suprême, nous franchirions, etc., etc. Cette lecture causa une grande joie, ranima l'entrain et fit pousser des cris de : Vive la France ! — Mais si elle nous réchauffa moralement, elle fut impuissante à combattre le froid glacial de la nuit. « On aurait pu, dit Robert, nous faire cantonner chez l'habitant, mais le général n'était pas tendre pour les Bretons ».

La division passa la journée du 8 et la nuit suivante au campement de la Ville-aux-Clercs. Le 9, à 8 heures du matin, au moment de partir, on vit arriver des charrettes qui nous portaient des vivres et de la paille. « Moutarde après dîner », dit Robert. Mais on se partagea la paille, chacun en emporta ce qu'il put et l'on se mit en route.

L'immense plaine que nous parcourions était couverte de neige, le froid était intense, les bêtes des bois et des champs étaient engourdies comme nous et j'ai vu prendre un lièvre à la main. Malgré les ordres on voyait parfois, surtout quand l'état-major était loin, les hommes sortant des rangs pour poursuivre et même tirer le gibier. Mais, chose plus grave, pendant nos marches, l'imprudence et la maladresse de nos mobilisés, dont la plupart n'avaient jamais manié un fusil, causaient souvent de très regrettables accidents.

Moi-même, pendant la marche en retraite de Cloyes à Yvré, j'ai failli être tué par un mobilisé de Quimper qui, à une halte, montant derrière moi dans le clocher d'un village, fit partir son fusil en frôlant le mur. La balle me rasa l'oreille et se logea dans une poutre, à quelques centimètres au-dessus de ma tête.

De la Ville-aux-Clercs, nous devions gagner directement Fretteval, sur le Loir. La colonne s'avança d'abord vers l'Est, puis comme incertaine de la route à suivre, elle se dirigea vers le Sud, arriva au village de l'Isle, qui est à 15 kilomètres de Vendôme, remonta à Pezon, puis passa le pont du Loir et vint prendre position sur le plateau de Fretteval, après avoir parcouru plus de 20 kilomètres et franchi avec l'artillerie et le convoi, des routes coupées de fondrières, des pentes couvertes de verglas, des chemins creux obstrués par la neige. — Au bord du Loir on s'était arrêté un instant près d'une usine à papier dont le propriétaire donna généreusement quelques provisions et offrit au général « une carte d'état-major, dont celui-ci avait le plus pressant besoin ». L'état-major de la division avait oublié, en quittant Le Mans, de se munir de ce guide indispensable. Quant à moi, qui m'étais procuré avant de partir, mais pour mon usage personnel, les cartes des départements que je pensais que nous traverserions, je les donnai plus tard à un officier attaché à notre état-major pour lui servir de guide dans notre marche de retour vers Le Mans. Les Allemands, même les sous-officiers, étaient munis de cartes et pouvaient beaucoup mieux que nous se diriger dans notre pays.

Le plateau de Fretteval était couvert de neige. Un froid de 18 à 20 degrés au-dessous de zéro, qu'un vent du Nord rendait encore plus aigu, gelait l'haleine et la transformait en glaçons suspendus à nos moustaches. Une partie de la colonne, poussant plus avant vers l'Est, entra dans la forêt de Marchenoir pour y camper. Voyant en ce moment que le découragement s'emparait de ces braves gens harassés de fatigue, je me mis à leur tête, et, tout en marchant et tirant mon cheval par la bride, de toute la force de mes poumons j'entonnai une chanson, ce qui réveilla l'énergie, dissipa le mécontentement et nous permit de gagner le lieu du campement.

Quant aux Brestois, ils reçurent l'ordre de camper sur la plaine rase, où le froid était insupportable. Vainement le docteur Anner demanda au général l'autorisation pour son bataillon de profiter de l'abri de la forêt pour passer la nuit. Pour toute réponse le général fit venir les officiers du bataillon et leur enjoignit de se faire obéir par leurs hommes. On gratta donc la neige et beaucoup passèrent la nuit assis sur leur couverture pliée et sans feu, car il était défendu d'en faire. On n'en put allumer qu'au jour pour le déjeuner (sergent Robert).

Pour moi, apercevant une grande ferme non loin de la lisière du bois, j'allais y demander l'hospitalité. D'autres m'y avaient précédé. J'entrai dans une grande écurie habitée par une quinzaine de chevaux et où déjà s'étaient installés plusieurs de nos camarades. Il y faisait vraiment bon. Une chaleur agréable, une litière peut-être pas très pure, mais épaisse, invitaient au repos. Je m'étendis avec délices sur la paille, à un mètre des pieds de derrière du cheval le plus proche, calculant que si, pendant la nuit, il reculait même de toute la longueur de sa longe, ses sabots ne m'atteindraient pas. — Et je m'endormis malgré les piétinements de mes compagnons quadrupèdes.

Ce fut une des meilleures nuits de ma campagne, bien qu'elle eût été troublée par la crainte que j'avais de voir les habitants ordinaires du dortoir se détacher et me marcher sur la figure.

Au point du jour, il fallut se remettre en marche. Pour mon premier déjeuner, le paysan, mon hôte, me vendit pour 1 fr. 50 un petit morceau de pain sec, moins grand que la main et une petite pomme à moitié gâtée. Mais il ne me réclama pas le prix de ma chambre à coucher. J'oubliais, ô ingratitude ! que la veille, dans une autre ferme, une femme généreuse m'avait donné gratis, ainsi qu'à quelques camarades, une grande tranche de pain couverte de délicieuses rillettes et pour dessert de la marmelade d'abricots qu'elle avait su dissimuler à l'ennemi.

Pendant notre marche sur Fretteval, nous avions entendu le grondement du canon du côté de l'Est, dans la direction de Marchenoir, de Lorges et de Beaugency. Le 10 les explosions se rapprochèrent et nous nous attendions à voir déboucher les combattants à travers le bois. Mais on ne vit que des vols de corbeaux. Le général attendait des ordres, mais il n'en vint pas. On piétina un peu sur place, on se rapprocha de Marchenoir, puis d'Ecoman. « L'ennemi, dit Gougeard, avait été repoussé et notre présence sur le lieu du combat eut été sans intérêt. » S'il avait été repoussé, ce n'était pas pour longtemps. Après un court arrêt à Ecoman, nous arrivions à Moisy, qui est à 3 kilomètres plus au nord, toujours dans le Loir-et-Cher. Le froid était toujours très vif. Nous fûmes cantonnés et bien reçus chez l'habitant à Moisy. Là, des gendarmes prirent un individu soupçonné d'espionnage. Etait-il coupable ? Il se jugea lui-même et se pendit dans sa prison. Ce même jour on saisit un mobilisé qui avait volé du pain et qui pour cela risquait fort d'être fusillé. Le bon Robert trouva le moyen de le faire sauver et on n'y pensa plus.

Après quelques heures de repos à Moisy, la division se remit en marche, sans but bien déterminé, je crois. Le 12 nous traversions une région boisée entre Moisy et Ecoman, quand sur notre droite nous vîmes sortir d'un taillis un individu qu'à première vue on reconnut pour un mobilisé. Il était sans armes, sans sac et même, je crois, sans casquette. A son air effaré on devinait un fuyard. Malheureusement pour lui, il rencontrait notre colonne à peu de distance en arrière de l'état-major, de sorte que le général l'aperçut et le fit arrêter. Il croyait se mettre en sûreté parmi nous ! Il dit que la troupe dont il faisait partie, attaquée par les Allemands, s'était enfuie et dispersée. Le général ordonna de le juger. Ce ne fut pas long. Quelques instants après il était condamné pour fuite devant l'ennemi et abandon d'armes. Informé qu'il allait être fusillé immédiatement, je donnai l'ordre à mon jeune camarade Guyot, aide-médecin auxiliaire, d'assister à l'exécution. Celle-ci se fit dans des conditions affreuses. Pour tuer ce pauvre diable, on le promena une heure, de place en place, avant de trouver le bon endroit.

Cet événement produisit sur la division une

impression fâcheuse. Le général aurait pu garder le fuyard comme prisonnier et le remettre à son corps, qui eut pris la responsabilité de le juger. Si dans cette malheureuse guerre on avait fusillé tous les fuyards, quels torrents de sang ! On disait que Gougeard s'était fait une réputation de fusilleur et de pendeur en Cochinchine. Dans le corps de Bretagne, où il n'était pas très aimé de la troupe, je ne sais pourquoi, on disait qu'il fusillait « à propos de bottes ». A ma connaissance, il n'a fait fusiller que le malheureux mobilisé dont je viens de parler et un lieutenant de mobilisés de Lannion, après le combat de Droué, comme je le dirai plus loin (1).

Il n'était pas difficile de prévoir que si, comme on le disait deux jours auparavant, les Allemands avaient été repoussés ou seulement arrêtés, ils ne tarderaient pas à reprendre leur marche en avant. Le 12 décembre, en effet, l'armée de Chanzy, poussée par le grand-duc de Mecklembourg, battait en retraite vers le Loir. L'ordre ayant été donné à la division de Bretagne de garder les passages de cette rivière de Morée à Cloyes, le 13 mars nous nous remettions en marche, le bataillon de Brest en tête. On revint à Ecoman. Après une halte, on arriva à Morée,

(1) On verra plus loin qu'il y a eu onze condamnations à mort.

chef-lieu de canton au bord du Loir, où se trouvaient des troupes sous le commandement du général Rousseau.

De Morée, le bataillon de Brest gagna Saint-Hilaire, où il resta au repos jusqu'au 16. Le gros de la colonne de Bretagne, remontant un peu plus au Nord, arriva le 14 à Cloyes (Eure-et-Loir), après s'être arrêté à mi-chemin dans une localité, dont je regrette d'avoir oublié le nom, parce que l'état-major y fut reçu de la façon la plus courtoise au château de Rougemont, je crois, par le marquis de Nadaillac, homme des plus distingués et que j'ai su depuis être un savant paléontologiste. Il voulut bien inviter tout l'état-major à sa table. Quand on vint nous prévenir que le déjeuner était servi, le maître d'hôtel demanda lequel de nous était le plus haut gradé. C'était moi, le général ne se trouvant pas là. J'étais chaussé de grosses bottes crottées et le reste de mon accoutrement n'était guère plus soigné. Aussi, quand la marquise, s'approchant de moi, me demanda mon bras pour être conduite à table, aurais-je voulu disparaître sous terre. Je balbutiai quelques excuses qui furent gracieusement agréées.

Dans l'après-midi, le marquis de Nadaillac, qui avait poussé une pointe jusqu'auprès de Vendôme, nous dit, à son retour, qu'il avait assisté à une immense et affreuse débandade de l'armée de Chanzy. De mon côté, pour me rendre compte de ce qui se passait sur les bords du Loir, vers Fretteval, où la canonnade n'avait pas cessé, je m'avançai en un temps de galop jusqu'au delà de Morée et je vis la marche en retraite, mais en bon ordre, d'une nombreuse colonne du corps d'armée commandé par M. Jaurès.

Quand nous arrivâmes à Cloyes, on nous distribua des billets de logement.

Accompagné de mon secrétaire, l'aide-médecin Bréhier, je me rendis à la maison qui m'était assignée. Nous fûmes reçus avec empressement et cordialité par une dame âgée, veuve, vivant seule dans un modeste appartement. Je ne sais pas son nom, mais j'ai gardé un souvenir reconnaissant de son accueil. Elle nous donna une chambre confortable et à chacun un bon. lit. Elle ne nous permit pas d'aller prendre nos repas en ville et quand le lendemain 16 nous quittâmes Cloyes, elle eut la bonté de nous donner quelques petites provisions de route.

Durant les cinq ou six derniers jours, les engagements avaient été ininterrompus tout le long d'une ligne allant de Châteaudun à Marchenoir et à Vendôme. La division de Bretagne, occupant la rive droite du Loir, n'y avait contribué que par quelques détachements des grand'gardes des francs-tireurs. L'ennemi avait franchi la rivière vers Fretteval, mais non encore entre Morée, Cloyes et Châteaudun. Dans cette région, les bois de Sainte-Claude avaient été défendus par nos détachements. Une forte colonne d'infanterie, commandée par mon ami Le Jeune, de Brest, et quelques compagnies de francs-tireurs s'étaient avancées jusqu'à Châteaudun, où l'ennemi se concentrait. Dans cette reconnaissance, nous avions fait une douzaine de prisonniers, dont deux officiers.

Pendant ce temps, le bataillon de Brest, immobilisé à Saint-Hilaire, au bord du ruisseau la Droué et attendant des ordres, voyait passer les obus allemands au-dessus de son campement. Il vit aussi, dit Robert, passer une troupe en retraite dans laquelle se trouvaient des artilleurs marins du corps de Bretagne qui, la veille, avaient été envoyés pour soutenir la brigade Rousseau et des francs-tireurs bretons protégeant cette retraite et faisant le coup de feu sur les hauteurs. Quelques-uns tombaient frappés par les projectiles ennemis, d'autres se repliaient sur le bataillon brestois. Le ciel était rougi par les incendies des fermes et des bois. Au campement, on arrêta un marchand de café ambulant fortement soupçonné d'espionnage. Enfin, le 16 décembre, la situation devenant dangereuse, le bataillon de

Brest reçut l'ordre de se rendre à Cloyes. Il part, fait halte un instant près de la borne inter-départementale (Loir - et - Cher, Eure - et - Loir), rencontre, chemin faisant, des paysans qui démé-nagent et des troupeaux, destinés à ravitailler Paris, qui rétrogradent, battant aussi en retraite. Le temps est moins froid, mais la pluie tombe abondamment. On marche dans la boue, on est trempé, les cartouches sont en bouillie dans les cartouchières. Le bataillon arrive enfin à Cloyes. La ville est encombrée de troupes. On fait halte sous l'ondée, les pieds dans la boue et le verglas. Les officiers vont se mettre à l'abri, mais revien-nent bientôt parce que les hommes murmurent. Alors le bataillon se remet en marche, se diri-geant vers Droué, qui est à 19 ou 20 kilomètres à l'Ouest de Cloyes. Il fait bientôt nuit. On marche silencieusement. Le bataillon passe, non loin d'un campement allemand que les francs-tireurs vont reconnaître et qu'on retrouvera sans doute le lendemain matin. On n'a pas mangé depuis le départ de Saint-Hilaire, mais on mar-che tout de même. On tombe dans les tranchées qui coupent la route et qui, creusées pour arrêter l'artillerie et les convois de nos ennemis, nous gênent autant qu'eux. Enfin, vers minuit, le bataillon, fatigué, arrive à Droué.

En arrivant à Droué, continue le sergent

Robert, dont j'analyse le manuscrit, les Brestois se répandirent dans le bourg. Beaucoup couchèrent sur la place, d'autres, plus heureux, trouvèrent un gîte chez l'habitant. On entendait dans une maison le han ! guttural d'un boulanger pétrissant la pâte. Avec quelques camarades, Robert frappe et se fait ouvrir. Argent en main il demande une miche. Les rayons de la boutique en étaient remplis, car les Allemands arrivés à Droué la veille, avaient commandé trois mille rations de pain. Le boulanger montra à Robert le bon municipal au bas duquel était le cachet allemand. Sorti de la boulangerie avec ses camarades pour chercher un gîte, Robert aperçoit de la lumière dans une maison dont la porte est surmontée de panonceaux. Il frappe aux volets. On ouvre. Les personnes de la maison font bon accueil à nos braves mobilisés, leur donnent à boire et à manger et leur préparent une bonne couche de paille. Avant de s'y étendre, ils causent. Un monsieur, qu'à son air et à ses questions, on aurait pris pour un étranger, sortant de la pièce contiguë, vient se mêler à la conversation. Ce monsieur est le beau-frère du maître de la maison. Il habite Vendôme que les Allemands occupent depuis l'avant-veille et est venu se réfugier à Droué avec sa femme. Il demande si la colonne française attendue de Cloyes serait en état de lutter contre les Allemands qui vont arriver et qui sont au nombre de 3.000, puisqu'ils ont fait préparer 3.000 rations de pain. A cela, Robert répond affirmativement. L'hôte dit que, dans la journée même, Droué a été visité par des éclaireurs de l'armée ennemie et qu'une attaque pourrait bien avoir lieu au jour. « Tenez, ajoute-t-il, vous voyez que dans cette bibliothèque il manque quelques volumes ? Eh bien ! deux officiers allemands, en les prenant tantôt, nous ont dit qu'ils les rapporteraient demain. Les Allemands ne sont donc pas loin, ils doivent attendre le jour avec impatience ». Là-dessus, les cinq Brestois s'étendirent sur la paille et s'endormirent.

Au jour, le clairon sonne le réveil et Robert sort avec ses camarades, remerciant chaudement ses hôtes, qui avouent qu'ils n'ont pas dormi, s'attendant à une attaque de nuit.

En ce moment, 7 heures du matin, 17 décembre 1870, j'arrivais à Droué avec le général, l'état-major et le gros de la division de Bretagne.

L'ordre nous avait été donné la veille de rétrograder vers Le Mans. Cet ordre était urgent. En effet, Vendôme pris et le Loir franchi, il était évident que l'Armée Allemande se dirigerait sur Le Mans, clef de toute la région de l'Ouest et du Sud-Ouest, ville considérable, riche en ressources de toute nature et dénuée de tout ouvrage défensif, et y arriverait sans obstacle sérieux, ses colonnes pouvant entrer de plein-pied dans la Sarthe par plusieurs routes débouchant de l'Eure-et-Loir et du Loir-et-Cher. Le Mans pris, l'ennemi se répandrait dans la Mayenne, le Maine-et-Loire, l'Indre-et-Loire et partout où il lui plairait d'aller.

Dans ces conjonctures, il n'y avait qu'un parti à prendre : abandonner rapidement la ligne du Loir et nous concentrer dans les positions défensives en avant du Mans. Nous surtout, division de Bretagne, nous n'avions pas de temps à perdre, parce que, placés à l'extrême-gauche, nous pouvions être débordés par le Nord, coupés de notre ligne de retraite et enveloppés par des forces supérieures.

A Cloyes, après le départ du bataillon de Brest dont je viens de raconter la marche et pendant que le reste de la division se réunissait, on mit en route la presque totalité du convoi, avec une partie de la colonne. Il fallut attendre un peu les détachements qui avaient été envoyés sur la rive gauche du Loir, du côté de Sainte-Claude et de Montigny et les brigades laissées sur la rive droite, entre Morée et Cloyes. Celles-ci, pour dissimuler leur mouvement de retraite et faire croire à l'ennemi qu'elles restaient en face de lui, avaient allumé de grands feux, de distance en distance, sur la route, pour figurer des feux de bivouac. Leur défilé vers Cloyes, vivement éclairé par les flammes, dut être comparé par les Allemands placés de l'autre côté de la rivière, à une représentation de lanterne magique. Elles arrivèrent néanmoins, sans avoir été inquiétées, et, enfin, nous pûmes nous mettre tous en route, l'artillerie et l'état-major à l'arrière-garde. Nous fîmes démolir, tout de suite après l'avoir passé, le pont situé à l'entrée de la ville, sur le Loir, chose fort gênante pour les gens du pays, mais non pour l'ennemi, puisque, d'après Gougeard, lui-même, 20.000 Allemands, avec 50 canons, arrivaient 24 heures après nous à Droué, où, d'ailleurs, une forte colonne ennemie nous avait déjà précédés.

On se mit donc en marche. La nuit était noire, le temps glacial. La pluie et le dégel de la veille et le passage des charrettes, avaient fait de la route une suite d'ornières et de cloaques. Les tranchées, creusées en travers, rendaient très difficile le passage du convoi et du matériel roulant et ne contribuaient pas peu à retarder notre marche. L'étape nous parut longue, mais ne fut pas autrement troublée.

VII

Comme je l'ai dit, il était sept heures du matin quand nous arrivâmes à Droué. Le général donna deux heures de halte. En quelques instants le bourg fut inondé d'hommes harassés, gelés et affamés. On se précipita dans les auberges.

Droué est un chef-lieu de canton de 8 à 900 habitants, dans le Loir-et-Cher, arrondissement de Vendôme, à 27 ou 28 kilomètres à vol d'oiseau, au Nord de cette ville. Le bourg n'a rien de remarquable. En 1870, il était formé, en grande partie, autant que j'ai pu en juger, par une vaste place à peu près carrée, la place du Marché, place absolument nue, sans un arbre.

J'étais entré avec mon secrétaire, M. Bréhier, dans une hôtellerie à l'enseigne « A la Belle Image », située à l'angle Nord-Ouest de la place et un peu en retrait, fort heureusement, des maisons de cette place.

A neuf heures, après deux heures d'un repos qui nous était bien nécessaire et que rien ne vint interrompre, la division était remise en route vers l'Ouest.

A 9 h. ½, la tête de colonne était déjà assez loin sur la route de La Fontenelle, le défilé hors du village continuait tranquillement, l'état-major montait à cheval. Et certes, personne dans la division ne se doutait de la présence ou seulement de la proximité de l'ennemi, quand, tout à coup, une fusillade éclate sur la place. Une panique se produit instantanément, une panique rendue plus affreuse encore par l'emballement des chevaux attelés aux charrettes du convoi qui encombrait la place.

Je me trouvais devant la porte de la « Belle Image ». Sautant à bas de mon cheval et au risque d'être écrasé par cette ruée de charrettes et le torrent de fuyards affolés qui se précipitent tous vers l'issue Nord-Ouest de la place, je m'efforce d'arrêter quelques hommes et, entre autres, des officiers de mobilisés, vains efforts ! Ils m'auraient foulé aux pieds. Je ne connaissais pas la terreur panique des foules. Mais je parviens à franchir les quelques pas qui me séparent de la place et je vois, en face de moi, aux fenêtres des maisons du côté Est, les Allemands qui nous fusillent. Ils tirent dans le tas, mais ils visent surtout les maisons d'en face, c'est-à-dire du côté Ouest, dans lesquelles il y a des officiers. Des balles, s'aplatissant sur les façades, font tomber de la chaux et jaillir de petits nuages de poussière. Au moment où je passe, cherchant des blessés à secourir, l'abbé Goavec, aumônier du bataillon de Quimper, sortant de l'auberge où il vient de déjeuner, tombe à mes pieds, tué raide d'une balle à la tête. Au même moment et au même endroit tombe mort le capitaine des mobilisés Pocard-Kerviler. Rodellec du Portzic, lieutenant de vaisseau démissionnaire, capitaine d'artillerie, qui était descendu dans la même auberge, en était sorti aux premiers coups de feu, se dirigeant vers sa batterie, resté du côté opposé de la place. Je le vois encore, marchant droit face à l'ennemi et tombant, la poitrine traversée d'une balle. Il n'est mort que le soir. Si le hasard m'avait fait descendre dans cette même auberge, qui était à quelques pas de la « Belle Image », j'aurais eu probablement le même sort. J'ai vu d'autres tués, dont je n'ai jamais su les noms. J'en ai vu un, tout contre les maisons du côté Est de la place, la balle l'avait frappé à la tête, obliquement de bas en haut, lui faisant sauter la voûte du crâne et mettant à nu le cerveau déchiré. Cette horrible blessure, faite évidemment de très près, me donna à supposer que le coup avait été tiré d'un soupirail.

Je me hâtai de faire rechercher et de réunir

les blessés. A défaut du pavillon de Genève, je traçai une croix rouge sur une serviette avec du sang dont mes mains étaient teintes, et, sur un bâton, je fis placer ce drapeau sanglant au-dessus de l'entrée de l'auberge de la « Belle Image », ainsi transformée en ambulance. Parmi les blessés que je reçus là se trouvait un colonel ou lieutenant-colonel allemand qui, se voyant mourir, me remit son épée. Deux ou trois simples soldats allemands me donnèrent la petite plaque de fer-blanc suspendue à leur cou et portant les indications propres à établir leur identité en cas de décès.

Quelles navrantes réflexions de tels spectacles et de pareils souvenirs inspirent au médecin militaire !

Je disais à l'instant qu'au plus fort de la panique, j'avais vainement essayé d'arrêter les fuyards, m'efforçant surtout de retenir quelques officiers de mobilisés qui m'auraient aidé à enrayer la débâcle. Efforts, menaces, insultes même, tout avait été inutile. J'aurais été renversé et écrasé. Comme les soldats, ces officiers s'élançaient avec une telle épouvante que plusieurs, d'un même élan, allèrent se jeter dans les rangs d'une colonne française qui marchait parallèlement à la nôtre, au Sud, à bonne distance. Quatre d'entre eux furent jugés quelques jours après et l'un condamné à mort et exécuté. Le second fut condamné à deux ans de prison, les deux autres furent acquittés.

Cependant, craignant de nous voir enveloppés et tous pris ou tués, j'étais parvenu, après cette première minute d'affolement, à réunir une douzaine d'hommes que j'avais postés près de mon ambulance afin d'arrêter l'ennemi s'il cherchait à pénétrer par ce côté de la place. Je venais de les grouper à l'angle de la maison, quand subitement nous voyons déboucher sur la place, du côté Sud, une troupe d'une quinzaine de cavaliers se dirigeant au grand trot vers nous, sabre au clair. Mes hommes crient : « Voilà les ulhans ! » Je leur ordonne d'attendre pour tirer que l'ennemi soit à bout portant. Ma petite troupe était en joue et j'allais commander le feu, quand quelqu'un s'écrie : « Mais ce sont des Français ! » Et, en effet, c'étaient des éclaireurs détachés de la colonne qui marchait dans le même sens que nous et sur notre gauche. Une seconde de plus et je causais une horrible catastrophe dont je ne me serais jamais consolé, poursuivi que j'eusse été par le remords d'être sorti si malheureusement de mes attributions.

Cependant, de l'autre côté de la place, le général Gougeard, secondé par quelques officiers, avait rallié des troupes et fait avancer l'artillerie qui, heureusement, se trouvait là, ne marchant qu'à l'arrière-garde. Une batterie de montagne et plusieurs mitrailleuses furent rapidement mises en position près de l'angle de la place, à l'entrée de la rue par où la colonne ennemie s'élançait vers le centre du village. Bravement servies par des marins dont plusieurs furent tués, elles arrêtèrent bientôt par leur feu en enfilade les assaillants, en leur infligeant de grandes pertes. Alors une colonne d'infanterie, conduite par Gougeard et aidée de mitrailleuses, se porta en avant et acheva de les repousser. Le combat restait circonscrit dans la partie Nord-Est du village. La fusillade des fenêtres cessa bientôt, les Allemands postés dans les maisons dont il fallut enfoncer les portes étant délogés, pris ou tués. On se battit quelque temps encore dans les rues, les granges, les écuries, les maisons. Dans une grange, une douzaine de soldats ennemis, acculés, avaient mis bas leurs armes et nos hommes surexcités allaient les massacrer, quand l'officier français s'interposa et les fit prisonniers.

Pendant l'action qui se passait dans le bourg, une centaine d'hommes de divers corps, dit Robert, ligne, mobiles et quelques marins, conduits par un officier du 97e de ligne, tourna l'ennemi posté sur la route de Vendôme et le fit reculer. Dans cette affaire partielle, 7 de nos hommes furent mis hors de combat, dont un seul tué, un soldat du 86ᵉ de ligne. « En même temps, ajoute le commandant Coq, dans sa relation, je faisais fouiller par la mitraille le parc du château attenant à la ville et dans lequel étaient établies plusieurs compagnies ennemies. »

Enfin, toute résistance cessa et l'ennemi dut s'éloigner, laissant des morts, des blessés et des prisonniers.

En moins d'une heure, le combat s'était terminé à notre avantage.

Le général ne crut pas devoir poursuivre l'ennemi. D'abord, il avait l'ordre de se replier sur Le Mans le plus promptement possible, ensuite il pensait, et non sans raison, que la colonne qui nous avait attaqués n'était qu'un détachement d'avant-garde. Il ordonna donc le départ. On se rallia, on se groupa, on rechercha et on réleva les morts et les blessés. Les prisonniers désarmés avaient été réunis dans une cour et étaient gardés par un peloton du 97ᵉ de ligne. Enfin, vers midi, nous nous remettions en route.

Obligé de marcher avec la colonne, je remis les blessés au soin de l'aide-major Bréhier, avec ordre, au besoin, de se laisser faire prisonnier, ce qui, du reste, eut lieu le lendemain matin.

Pas plus que les tués, les blessés n'avaient pu, avant notre départ, être tous réunis et comptés.

Les uns étaient à la « Belle Image », d'autres, Français et Allemands avaient été portés dans l'église, quelques-uns dans des maisons, quelques-autres, enfin, étaient sur les routes ou dans des jardins autour du village. En partant de Droué, j'ignorais donc le chiffre de nos pertes et je ne me rappelle pas exactement le compte rendu que me présenta Bréhier, à son retour. Gougeard évalue nos pertes à une centaine d'hommes, tant tués que blessés et ajoute que celles de l'ennemi, sans compter une cinquantaine (?) de prisonniers, ont dû être beaucoup plus élevées. Robert, qui a assisté à l'inauguration du petit monument élevé en 1873, dans le cimetière de Droué, aux Français tués dans le combat du 17 décembre 1870, compte 26 ou 27 morts, savoir : 5 officiers : Rodellec du Portzic, chef d'escadron d'artillerie ; Pocard-Kerviler, capitaine de mobilisés ; Maillard de la Gournerie, Bodénan et X..., lieutenants. — 1 aumônier : l'abbé Goavec, attaché au bataillon de Quimper. — 3 sous-officiers : Sanson, Blanc, Journeau. — Soldats et marins : Quennec, Sauvignon, Beaufils, Breteuil, Oho, Richomme et 12 autres non dénommés.

Je ne parle pas des pertes des Allemands, que je n'ai jamais sues. Ils eurent 3 ou 4 officiers tués.

Je n'ai pas eu le temps de parcourir le village après le combat ; mais on se figure aisément les désordres matériels : boutiques éventrées, portes enfoncées, fenêtres brisées, et l'état des esprits : habitants épouvantés, osant à peine paraître, soldats et marins surexcités, insultant et menaçant les habitants, etc., etc....

Dans sa relation du combat de Droué, le général Gougeard cherche à réfuter « l'opinion « de ceux qui ont cru et qui croient encore que « l'ennemi était caché depuis le milieu de la nuit « dans le village, avec la connivence tacite des « habitants. Cette opinion, ajoute le général, « était tellement enracinée parmi les soldats, qu'il « m'eût été difficile de les empêcher d'exercer « de graves représailles si nous avions dû repas- « ser par Droué. »

Je ne sais pas si les Allemands étaient cachés dans les maisons depuis le milieu de la nuit ou logés chez l'habitant depuis la veille, comme on l'affirmait, et je me garderai bien d'accuser les gens de Droué de connivence avec eux ; mais ce que j'affirme, pour l'avoir vu, de mes yeux vu, c'est que de nombreux coups de fusil, les premiers ou du moins des premiers, ont été tirés par les fenêtres, de l'intérieur des maisons, du côté Est de la place. Le gros du détachement ennemi était hors du village, également du côté Est, embusqué peut-être ou arrivé depuis quelques instants sans que nous nous en soyons aperçus et, attendant pour nous attaquer, que la majeure partie de notre colonne fût engagée au loin sur la route. Mais, je le répète, un certain nombre d'Allemands étaient dans les maisons depuis plus ou moins longtemps avant notre arrivée, et beaucoup d'entre nous en ont eu la conviction par l'attitude embarrassés de certains habitants qui, terrorisés sans doute par la crainte de sanglantes représailles, n'avaient pas eu le courage de nous avertir. — Il n'est pas possible de supposer que des soldats ennemis aient pu, sans être vus, s'introduire dans le village que nous occupions complètement, remplissant la place, les boutiques, les entrées des maisons, etc... Ceux qui, tirant par les fenêtres, ont tué l'abbé Goavec, Kerviler, Rodellec et d'autres étaient donc à Droué avant nous. L'un d'eux, celui qui a tué Goavec (je crois me rappeler que c'était un sergent) fait prisonnier, se vantait pendant que nous l'emmenions, « d'avoir bien visé le prêtre ». Et puis, on sait très bien que les Allemands étaient dans le canton avant la division de Bretagne et personne ne nie qu'ils aient, la veille même, commandé au boulanger de Droué, une grande quantité de pain. D'ailleurs, enfin, et quoique lui ai fait dire son chef d'état-major « auteur de la partie narrative » de sa brochure, le général Gougeard savait si bien à quoi s'en tenir sur ce point, qu'avant de quitter

Droué, il fit saisir l'adjoint-maire, un paysan, et le fit traîner, les mains liées, au milieu de la colonne. Il est vrai qu'au lieu de le faire juger et fusiller, comme on s'y attendait, il le fit relâcher au bout de quelques heures. Mais, à tort ou à raison, au moins dans les premiers moments, il lui reprochait cette trahison.

M. Coq, lieutenant de vaisseau, commandant l'artillerie de la division, dans sa relation de la campagne de cette division, dit à propos du combat de Droué et après avoir durement flétri la conduite des habitants : « La halte finie, la « colonne venait de se remettre en marche et les « deux tiers étaient déjà sortis de la ville ; tout « à coup, des fenêtres des maisons part une fu- « sillade nourrie sur nos malheureux soldats qui « tombent et expirent sans pouvoir riposter, sans « pouvoir même deviner d'où leur vient la mort... « — Le général monte à cheval et reconnaît « bientôt que nous sommes assaillis tout à la fois « des maisons et de l'extérieur de la ville, par « des troupes d'infanterie prussienne.

« Les portes des maisons sont enfoncées et les « Prussiens égorgés partout où on les trouve. « Pendant ce temps, une colonne d'infanterie « essaye de pénétrer sur la place pour prêter « main-forte aux tirailleurs des maisons, mais « elle était repoussée... Pas un habitant

« n'avait eu le courage de nous informer de la
« présence de l'ennemi dans la ville et aux en-
« virons. »

Ce qui est certain, c'est que l'affaire de Droué
a débuté par une surprise et que l'attaque des
Allemands a été absolument imprévue. En nous
dirigeant vers Droué, en nous installant dans ce
bourg, nous ne nous sommes pas inquiétés de
savoir s'il y avait des ennemis aux environs et
nous n'avons pas songé à la possibilité d'une
attaque. Si, comme le dit Gougeard dans sa brochure, nos avant-postes avaient été refoulés, on
aurait d'abord entendu la fusillade aux abords du
bourg. Or, les premiers coups de fusil, je le
répète, ont été tirés au milieu même du bourg
et non à petite distance, et l'ennemi n'a point
« fait irruption dans le village par plusieurs
points à la fois ». Il a attaqué, au moment qui lui
a paru favorable, de l'intérieur des maisons de
l'Est et, en même temps, par l'extérieur du village, du même côté. Il n'est pas entré dans la
place, il n'a fait irruption ni par l'angle Nord-
Ouest où j'étais, ni par le côté Sud que je sur-
veillais et par où débouchèrent, sans le rencon-
trer, les cavaliers français que j'ai failli fusiller.
Il a cherché à pénétrer par l'angle Nord-Est, mais
sans y réussir, arrêté par Gougeard lui-même.

En guerre, comme en autre chose, toute surprise implique une négligence. Ici, la surprise ne peut être niée. Il faut avouer que les troupes françaises ont eu souvent à se reprocher de pareilles fautes contre la prudence.

La relation de Gougeard et celle de Robert parlent de coups de canon tirés par les Allemands, au début de l'action. D'après Gougeard, (page 35), « une batterie prussienne envoie ses obus « sur la place encombrée par les voitures ». Robert, dans son manuscrit, dit que « vers « neuf heures, étant assis sur une borne, à l'angle « d'une maison, un obus frappe le pignon de « cette maison, à 5 mètres au-dessus de sa tête « et qu'un second obus pénètre à travers une croi- « sée et éclate dans l'appartement ». Il ajoute que « les éclaireurs allemands, qui avaient couché « dans le village, avaient fait sortir d'un hangar « deux petites pièces de canon et avaient fait « feu ». Le commandant Coq ne fait aucune mention de ces coups de canon, en parlant de l'attaque de La Fontenelle qui a eu lieu deux heures après, il dit même « qu'à peine la colonne avait- « elle fait 4 à 5 kilomètres en dehors de Droué, « nous fûmes de nouveau attaqués par l'ennemi, « pouvu cette fois d'artillerie ». Quant à moi, je ne me suis pas aperçu que des coups de canon aient été tirés par les Allemands pendant l'affaire de Droué, et, en tout cas, je ne crois pas qu'il soit tombé un seul obus sur la place. Mais il faut croire, puisque Robert l'a vu, que deux obus ont frappé une maison à l'extérieur de la place. Enfin, le docteur Guyot qui était là en qualité de médecin-major du 19ᵉ de marche, m'a dit que quelques coups de canon avaient été tirés au début de l'action par les Allemands et que ceux-ci n'ont pas pu continuer le feu de leurs obusiers, probablement parce qu'ils auraient atteint leurs hommes. Ce détail est sans grande importance, mais il prouve que la vérité se démêle difficilement dans les actions de guerre, surtout dans le désordre d'une surprise.

VIII

Après Droué, quelques journées de marches pénibles, dont je ferai la relation tout à l'heure, nous conduisirent près d'Yvré-l'Evêque, sur les hauteurs de la Croix, où nous pûmes nous reposer. L'aide-major Bréhier, que j'avais laissé à Droué, me revenait au bout de 10 à 12 jours, après avoir été obligé par les Allemands de faire un long circuit. Afin d'obtenir quelques secours pour ses blessés, il s'était présenté dans l'après-midi du combat chez un personnage qu'il croyait être le maire et qui n'était autre qu'un conseiller général ou un député officiel de l'Empire, peut-être même un chambellan. Ce monsieur, qui habitait un beau château, à quelques pas du bourg, remballa vertement le brave médecin, lui reprochant de le compromettre près des Allemands. La salle à manger du château était à ce moment garnie d'un somptueux et nombreux couvert. Seulement nos mitrailleuses avaient supprimé quelques-uns des convives et un sapeur-

pompier de Brest avait eu l'impolitesse de tuer
d'un coup de fusil un officier allemand qui sor-
tait du château au commencement même du combat. C'est sans doute à ce même monsieur que
Gougeard fait allusion quand il parle de ce
« personnage haut placé qui lui réclama à plu-
« sieurs reprises le paiement immédiat de quel-
« ques baliveaux dont nos soldats affamés et
« exténués s'étaient servis pour cuire leurs
« aliments ».

Je terminerai ce que j'ai à dire de l'affaire
de Droué par le court récit d'une visite, qu'après
m'être décidé à écrire ces souvenirs, je fis dans
cette petite ville, l'an dernier 1906, le 17 décembre, trente - sixième anniversaire du combat.
Trente-six ans ! c'était beaucoup plus qu'il n'en
fallait pour que l'événement fut oublié. Il l'était
en effet et ma visite ne m'a presque rien appris.
L'hôtellerie de la « Belle Image », à la même
place, avec la même enseigne, était, depuis bien
des années, gérée par des personnes qui n'étaient
pas dans le pays au temps de la guerre et qui
n'avaient jamais entendu parler des événements
sur lesquels je voulais être renseigné. Une femme
de quatre-vingts ans, Mme Renaud, actuellement
propriétaire de la maison ou d'une des deux ou
trois maisons d'où étaient partis les coups de
fusil, était bien à Droué à l'époque, mais non

dans la maison en question. Ses souvenirs m'ont
paru assez confus. Elle me dit que les Allemands
avaient pénétré dans le bourg par le derrière de
la maison et avaient tué une dame d'un coup de
fusil à travers les carreaux de la fenêtre du premier étage, du côté du jardin. Elle me montra
des « traces de balles » sur le mur, près de cette
fenêtre. Etaient-ce des traces de balles ? Le maire
était absent, mais j'ai pu voir son adjoint. Celui-
ci me dit qu'en 1870 le maire de Droué était le
docteur Barbin, homme très aimé et très estimé,
bon républicain. Le docteur Barbin était absent
le jour du combat. L'adjoint avec qui je m'entre-
tenais n'avait que dix-sept ans à cette époque et
n'habitait pas Droué pendant la guerre, mais il
en avait beaucoup entendu parler dans le temps.
Il affirma que les Allemands n'avaient pas couché
dans le bourg la nuit du 16 au 17 décembre 1870.
D'après lui et d'après les habitants, l'ennemi
serait arrivé pendant que les Français mangeaient
et se reposaient. Ceux-ci ne se gardaient pas et
n'avaient pris aucune précaution. « Si, dit-il, le
« général Gougeard était revenu à Droué, il y
« aurait été fort mal reçu, à cause de l'incapacité
« dont il avait fait preuve. Peu avant l'attaque,
« ajouta-t-il, une jeune fille du voisinage était
« venue avertir le général de l'approche des
« Allemands, et le général avait répondu : « Eh !

« bien, s'ils viennent, nous les verrons bien. »
L'adjoint me proposa de contrôler moi-même ce
témoignage auprès de cette femme encore vivante ;
mais, pressé par l'heure du train, je ne le fis pas.

Je ne discuterai pas ces dépositions. Si, comme
je l'ai dit, il n'est pas possible d'admettre que
les Allemands aient pénétré dans les maisons par
les entrées s'ouvrant sur la place, on peut, à
l'extrême rigueur, supposer que quelques-uns
aient pu se faufiler jusqu'à ces maisons par
l'arrière, en franchissant le mur de plusieurs
jardins. Mais, contre qui la fusillade qu'ils auraient, étant dans les jardins, tiré au dire de
Mme Renaud, sur la façade arrière de la maison ?
Par contre, nos hommes, qui étaient sur la place,
se disposant à partir, cette fusillade aurait été
entendue et nous aurait donné l'éveil avant que
les assaillants aient pu venir s'installer aux fenêtres pour nous canarder.

Mais en voilà assez sur cette question. Pour
la résoudre, il aurait fallu faire une enquête tout
de suite après le combat. Je m'en tiens donc à ce
que j'ai dit.

Le combat terminé, l'ennemi s'étant éloigné,
chacun reprit son poste et, vers midi, la division
se remettait en route, se dirigeant vers l'Ouest.
Nous avancions en bon ordre et d'un bon pas,
sentant, sans le voir, l'ennemi du matin qui mar-

chait sur notre droite, dans la même direction que nous. Nous arrivions au village de La Fontenelle, à 5 ou 6 kilomètres de Droué, quand notre arrière-garde fut attaquée à coups de canon. Nos batteries, bien servies et appuyées de deux bataillons déployés en tirailleurs, ne tardèrent pas à repousser cette nouvelle agression. Ce ne fut cependant que vers 4 heures de l'après-midi que l'ennemi cessa ses attaques, sans être parvenu à rompre notre colonne, ni même à arrêter notre marche. Je ne me rappelle pas que, dans cette suite de petits engagements, nous ayons eu des pertes sérieuses à regretter. Je me souviens seulement d'avoir vu quelques blessures légères et, entre autres, chez un officier de gendarmerie qui, étant près de moi, reçut au visage une petite pierre lancée par l'explosion d'un obus et que je n'eus pas de peine à extraire séance tenante — Gougeard ne parle pas d'hommes mis hors de combat, mais Robert dit que nos francs-tireurs envoyés en tirailleurs étaient revenus avec des casques prussiens au bout de leurs fusils ; que l'ennemi avait éprouvé des pertes sensibles et que de notre côté nous avions eu 6 blessés et 1 tué. D'après le commandant de l'artillerie, M. Coq, qui, avec ses braves marins, manœuvra si habilement ses pièces tout en se repliant à l'arrière-garde de la colonne, si nos tirailleurs avaient perdu fort peu d'hommes, l'artillerie, obligée de se masser sur la route, avait éprouvé des pertes sensibles. Le matériel avait également souffert. Trois affûts furent brisés, mais rapidement remplacés. Nos pertes auraient été beaucoup plus grandes sans l'épaisse couche de boue du dégel qui nuisait à l'effet des obus. »

Après La Fontenelle, notre retraite ne fut plus inquiétée. Il n'y eut plus à lutter que contre les difficultés de la marche sur des routes défoncées. Ces difficultés furent énormes pour l'artillerie et le convoi. En de certains endroits les routes étaient coupées de fosses profondes de 1 mètre ½ à 2 mètres. Il fallut les combler au moyen d'abattis de bois, remplir les crevasses et les ornières de branchages, quadrupler et quintupler les attelages pour sortir les pièces et les voitures de ces profonds bourbiers où les chevaux enfonçaient jusqu'au poitrail.

Enfin, la colonne arriva à Arville, où elle fit une halte de vingt minutes et continua vers Saint-Agil, où elle arriva pendant la nuit, nuit si noire qu'à un mètre on ne distinguait rien. Dans ces épaisses ténèbres et après cette longue marche forcée, la confusion était extrême. On ne voyait pas les maisons, on ne savait où trouver un abri et quelque nourriture et encore moins où s'étendre pour se reposer et dormir quelques instants.

A Saint-Agil venait d'arriver une partie ou même la totalité de la division Rousseau, de sorte que l'encombrement humain était à son comble. Beaucoup d'hommes, les plus fatigués, se couchèrent dans les fossés de la route, sans manger.

Le lendemain matin, avant le jour, on se remit en route dans un désordre facile à comprendre. De nombreux trainards restèrent en arrière. Mais il fallait se presser, les Allemands étaient sur nos talons. A peine avions-nous quitté Saint-Agil, que leur avant-garde y arrivait, pendant que le corps principal, commandé par le général Von der Thann, occupait Droué avec 20.000 hommes et 50 canons. Si, comme le dit le commandant Coq, ils nous avaient attaqués avec leur artillerie pendant que la nôtre était embourbée, dans les coupures creusées par nous-mêmes, ils nous auraient infligé un rude échec.

Le 18, nous arrivions pêle-mêle à Souday. Pendant cette étape et pendant les marches suivantes jusqu'à Yvré, marches qui ressemblaient à une fuite, il fallut placer des gendarmes aux ouvertures de tous les chemins latéraux pour empêcher les hommes de prendre la tangente ; il fallut aussi leur faire évacuer les maisons et surtout les auberges des villages traversés. Supposant que je serais plus écouté de la troupe que les autres officiers, le général, en présence de ce désordre, m'avait chargé de veiller à ce que les hommes ne s'écartassent point de la colonne. C'était une besogne peu agréable et fort difficile. Ceux qui, chemin faisant, entraient dans les auberges, souvent n'en voulaient plus sortir. Exaspérés par la fatigue ou par la faim, certains résistaient d'un air menaçant aux ordres que je leur donnais de la part du général. Les longues marches dans la boue et la neige, les nuits passées sans abri et souvent sans sommeil ; parfois le manque de vivres, la fatigue, le désordre, donnaient à notre division un air misérable qui excitait la pitié des habitants. Beaucoup de soldats ne pouvaient plus marcher ; d'autres, les pieds blessés, marchaient nu-pieds, leurs souliers à la main, les vêtements déchirés, fripés, boueux. « Bataillons de misère », dit Robert, dans son manuscrit.

Après Souday, nous entrons dans la Sarthe et nous arrivons à Vibraye qu'on traverse au milieu d'un encombrement de troupes se repliant comme nous vers Le Mans. Beaucoup des nôtres s'y arrêtent pour se restaurer ; le gros de la colonne continue et entre au milieu de la nuit dans le bourg de Lavarré. Là, halte bien nécessaire de plusieurs heures. On reçoit des vivres, on mange du biscuit anglais et du lard et l'on se couche où l'on peut, dans les fossés de la route, dans les champs d'alentour. Le froid, redevenu très vif, empêche de dormir.

Lavarré était encombré de matériel d'artillerie, de caisses, de camions portant des vivres. Le sol était jonché de cartouches tombées des caisses crevées et mal arrimées dans les voitures. Dans cet affreux tohu-bohu, Robert et quelques camarades Brestois rencontrent des amis qui avaient campé à Conlie et qui avaient été envoyés vers Orléans. Ils avaient vu le feu, je ne sais où, et depuis battaient en retraite. Ils faisaient partie comme nous, dit ironiquement Robert, de cette glorieuse retraite, de cette retraite admirable qui a valu une statue à Chanzy. On fraternise, on chante, on crie : Vive la France ! et on se couche dans la neige.

Le matin du 19 on quitte Lavarré et, après 3 ou 4 heures d'une marche pénible dans la neige, le verglas, la boue et les ornières, on arrive à Dollon. Là on est bien reçu par l'habitant ; on fait halte, on se restaure et, au moment de repartir on est obligé de s'arrêter pour laisser passer une colonne de quelques milliers d'hommes dans laquelle on voit des mobiles en haillons, des marins canonniers méconnaissables poussant des canons que traînent péniblement des chevaux efflanqués. Nous savons que ces canonniers ont fait bravement leur devoir, on les salue, on crie : Vive la

France ! Puis passent des camarades de Châteaulin qu'on a déjà rencontrés sur les bords de la Loire, puis des dragons, quelques carabiniers et même des spahis sur leurs chevaux arabes escortant un général.

On reprend la marche. On avance dans la nuit noire, on passe à Nuillais, où l'on fait une petite halte, puis on arrive au Breil, où l'on campe. Au Breil, de bons habitants nous reçoivent. On couche une nuit ; quelques-uns restent même la nuit suivante. On se nettoie, on astique les armes. La neige tombe toujours. On repart, on passe à Ardenay. Des vols de corbeaux passent aussi. Il y a des cadavres de chevaux par ci, par là.

Enfin, le 21 décembre, la division de Bretagne arrive à Yvré-l'Evêque, où les uns après les autres les traînards rallient leurs bataillons. Rentrés au gîte d'Yvré après cette randonnée de 17 ou 18 jours seulement, mais que j'aurais estimée beaucoup plus longue si je ne m'en étais rapporté qu'à mes impressions, les hommes avaient besoin de repos. La division se cantonna et campa dans Yvré et aux alentours. Le général et l'état-major s'installèrent sur les hauteurs de la Croix, dans une propriété nommée La Fouacerie. Le froid était violent, mais nous étions à l'abri. Pour moi, j'étais fort bien à La Fouacerie. J'avais une

chambre, un lit, du feu. Dans nos cheminées, le bois, quoique vert et fraîchement abattu dans les propriétés voisines, flambait à merveille et cependant chaque matin le contenu de mon pot à eau formait un bloc solide. Le 23 décembre, j'écrivais à mon père : « Malgré les fatigues, le
« froid et les privations, je me suis porté et me
« porte parfaitement. La vie des camps et des
« expéditions, fatigante pour d'autres, m'est plu-
« tôt favorable. En ce moment, je n'ai pas grand'-
« chose à faire, mais cela va changer. On parle
« d'une nouvelle marche en avant parce qu'on
« dit que l'ennemi se retire. Pourquoi se retire-
« rait-il, puisque nous nous sommes repliés ? S'il
« avance, comme c'est très probable, nous recule-
« rons encore. Nos troupes manquent de solidité,
« elles ne sont pas homogènes. Il n'y a guère à
« compter sur les mobilisés, qui n'ont pas eu le
« temps de s'aguerrir et qui sont mal armés.
« Sauf quelques exceptions, leurs officiers ne
« sont pas à la hauteur de leur position, la plu-
« part des généraux paraissent insuffisants et
« quant au général en chef, on pense qu'il est
« un peu surfait. Je ne crois pas que nous en
« ayons pour plus d'un mois. Alors je rentrerai
« pour reprendre mes occupations. Quant aux
« dangers que je peux courir en présence de l'en-
« nemi, j'espère bien ne plus avoir à m'y exposer

« en dehors de mes attributions et j'userai de
« la prudence compatible avec mes devoirs pro-
« fessionnels. »

Le 2 janvier 1871, j'écrivais : « Nous nous
« attendons à marcher. Il neige un peu, mais il
« glace très fort. »

Le 8, toujours d'Yvré-l'Evêque : « Si j'avais
« su que nous devions rester si longtemps ici,
« je serais allé faire un tour à Brest. Mais voici
« qu'une des divisions de notre armée, la divi-
« sion Rousseau, vient de faire une maladresse.
« Elle est allée se jeter dans les jambes d'un
« corps de 16.000 Allemands, deux ou trois fois
« plus nombreux qu'elle et s'est fait battre à
« plate couture. On parle d'aller à son secours. »

Enfin, le 8 janvier au soir, j'écrivais encore :
« Nous marchons demain matin au devant des
« Allemands qui s'approchent au nombre de
« 80.000. Ils ne sont plus qu'à deux ou trois
« lieues d'ici. »

Pendant les dix-huit jours (du 21 décembre
1870 au 8 janvier 1871) passés au cantonnement
d'Yvré, les journées, dit le général Gougeard,
furent employées à manœuvrer et à tirer à la
cible. Les hommes furent habillés à neuf. Les
positions qui nous avaient été assignées ayant été
reconnues et étudiées, des batteries furent placées
sur les plateaux et devant les ponts. Cependant

le général « songeant à mettre à profit l'expé-
« rience de cette première campagne, voulut don-
« ner à la division une organisation meilleure
« et plus solide. » La division était, à son avis,
trop nombreuse et trop difficile à mouvoir. En
prévision d'événements prochains, il jugea utile
de la diminuer et de l'épurer. Elle fut réduite
à deux brigades. Une troisième, dite de réserve,
« fut composée de tous les hommes chétifs,
« fatigués, incapables d'instruction. On y mit
« tous les officiers ignorants provenant de l'élec-
« tion des campagnes et dont le plus grand
« nombre ne savait même ni lire ni écrire.
« Plusieurs officiers supérieurs qui avaient donné
« des sujets de mécontentement ou montré une
« complète inaptitude, furent remplacés. Les
« ivrognes, les déserteurs, les maraudeurs, furent
« recherchés et punis. On traduisit devant la
« cour martiale quatre officiers qui avaient
« fui devant l'ennemi à Droué (1). On élimina
« ainsi 4.000 hommes plus embarrassants
« qu'utiles au moment du danger, et ils furent
« cantonnés, selon les ordres du général en chef,

(1) Note de la brochure de Gougeard, page 41 :
Pendant toute la campagne, les cours martiales pro-
noncèrent onze condamnations à mort, ainsi réparties :
Lâcheté devant l'ennemi : *un* officier. — Crimes de
droit commun (assassinat, tentative d'assassinat, vol à
main armée) : *cinq* légion étrangère, *un* franc-tireur. —

« en arrière du Mans, dans les villages de Saint-
« Georges-du-Plain, de Saint-Georges-des-Bois
« et de Preuillé-le-Chétif. »

Certes, nous avions des officiers et des soldats incapables ou trop prompts à la fuite, dont on pouvait, dont on devait même se débarrasser. Mais éliminer d'un seul coup, sans triage sérieux, 4.000 hommes, après avoir reconnu que « la « division avait fait de grands progrès, qu'elle « était capable de marcher en ordre, d'exécuter « les manœuvres les plus indispensables, qu'elle « commençait à s'habituer à la vie militaire », écarter des hommes qui, sauf d'assez rares exceptions, venaient de faire preuve d'une véritable endurance dans les marches, au milieu des privations et de rudes intempéries, qui, de plus, venaient de s'exercer à la cible et aux manœuvres pendant quinze à dix-huit jours et acquérir le complément d'instruction militaire qui leur manquait, reléguer en arrière, jeter au rebut des bataillons comme le premier bataillon de Brest, l'un des meilleurs de la division, un bataillon dignement commandé par un ancien officier d'infanterie et dont tous les hommes ne demandaient

Désertion devant l'ennemi : *trois* troupe de ligne, *un* mobile. — Onze.

Je ne sais pas s'ils furent tous exécutés, mais je le crois bien.

qu'à marcher au feu (1), c'était une mesure inexplicable, car un général n'a jamais trop de bons soldats.

Toutes ces éliminations réduisirent la division à 10.000 hommes que l'on divisa en deux brigades, subdivisées en quatre demi-brigades. La division était pourvue, d'après le général, d'une artillerie excellente, mais d'une cavalerie insuffisante en nombre. Mais, somme toute, écrivait le général en chef, sans avoir la valeur des vieilles troupes, la division de Bretagne pouvait être conduite utilement au feu.

(1) Dès le début, le premier bataillon de Brest s'était épuré lui-même en se débarrassant de ses non-valeurs. Ce bataillon aurait pu rendre de grands services si on avait voulu l'utiliser.

IX

Comme l'objectif de l'ennemi était certainement Le Mans, il nous fallait garder les passages de la rivière de l'Huisne, défendre surtout Yvré, où aboutissent les routes de Saint-Calais, de Vibraye, de La Ferté-Bernard, de Nogent-le-Rotrou au Mans. En vue de cette défense, divers mouvements de troupes avaient été ordonnés par le général Chanzy et la division de Bretagne se trouvait à peu près au centre des positions de l'armée.

Mais l'ennemi ne se pressait pas. Il y avait plus d'un mois que ses avant-postes s'étaient montré près d'Yvré et plus de vingt jours qu'il avait passé le Loir en grandes masses. Il n'avançait que lentement, sans se fatiguer, étudiant le pays, nous laissant le temps d'achever nos préparatifs de défense.

Cependant, il approchait. Il avait été, ai-je dit, rencontré en forces supérieures par la division Rousseau qui, poussant une pointe aux confins de l'arrondissement du Mans, avait été rudement repoussé. Alors, la division Paris avait reçu l'ordre de s'avancer sur Ardenay et la nôtre de se diriger sur Thorigné. « Ces mouvements offensifs, dit Gougeard, avaient pour but de rejeter l'ennemi au-delà de ses positions et de l'empêcher de venir nous serrer de trop près autour du Mans, en même temps que de soutenir la retraite du général Rousseau. » On va voir comment ils ont réussi.

Nous partîmes donc le 9, au point du jour, sous une neige épaisse, et nous arrivâmes de bonne heure à Saint-Mars-la-Brière. Là, il fallut attendre des ordres.

Pendant ce temps, la division Rousseau se repliait sur Yvré, après avoir franchi l'Huisne à Connerré. Mais bientôt notre avant-garde, à son tour, fut attaquée et fort malmenée ; puis, s'étant ralliée et ayant été soutenue par de l'artillerie et un bataillon de mobilisés, elle avait pu garder sa position.

La nuit était venue quand nous vîmes passer rapidement et en désordre, des troupes appartenant à la division Paris, reculant vers la rivière. Après quelques engagements partiels, peu avantageux pour nous, après une tentative hardie dirigée par le brave commandant Le Jeune pour s'emparer du hameau de la Belle, inutile tentative qui ne nous réussit pas mieux, notre position devenait dangereuse, surtout par suite de la retraite des deux autres divisions. Nous y serions restés néanmoins. Mais l'ordre nous fut donné, au milieu de la nuit, de regagner nos positions du matin. Avant le jour, la division arrivait à Yvré.

Il aurait peut-être mieux valu attendre l'ennemi de pied ferme, en restant sur nos positions, derrière nos canons bien placés, une partie de notre infanterie distribuée par groupes, à l'abri, dans les bois.

Le demi-cercle de l'armée allemande se rapprochait en se rétrécissant et en nous poussant vers Le Mans et vers l'Huisne, sur les bords de laquelle on pouvait prévoir une action décisive pour le lendemain. Défendrions-nous mieux la ligne de l'Huisne que celle du Loir ? Hélas !

J'avais précédé la colonne à Yvré pour recevoir les blessés qui arrivaient de tous les côtés. Le petit hôpital de la commune, tenu par les sœurs, en était encombré. J'en sortis vers onze heures ou minuit.

La nuit noire ne recevait un peu de clarté que de la couche de neige qui couvrait tout. Le bourg était endormi comme en pleine paix. A peine entendait-on encore, dans le lointain, quelques rares détonations. Ne sachant où trouver un gîte pour le reste de la nuit, je m'étendis par terre, sur les carreaux de l'entrée laissée ouverte d'une maison. Mais il y faisait plus froid qu'au dehors, à cause d'un courant d'air glacial filant vers la cour. Impossible donc de se reposer. Enfin, le jour approchant, comme j'étais assis sur une pierre, je vis venir un officier. C'était le général Jaurès, qui me dit : « Comment ! tout le monde dort ici ! Allons, debout ! » Je m'étais levé. Ce reproche ne m'atteignait pas, mais il visait sans doute la division Gougeard qui, arrivée depuis quelques quarts d'heure, s'était couchée et avait bien fait, ceux du moins qui, plus prévoyants que moi, s'étaient assurés d'un gîte au bourg d'Yvré. Bientôt tout le monde fut sur pied.

C'était le 10 janvier 1871.

Le général Jaurès donna l'ordre au général Gougeard de prendre l'offensive et, pour renforcer le centre de l'armée, il nous adjoignit le premier bataillon des volontaires de l'Ouest (zouaves pontificaux) et un bataillon de mobiles.

Notre colonne se mit en route entre onze heures et midi, se dirigeant sur Ardenay où, d'après nos éclaireurs, l'ennemi était en forces. « Je « résolus, écrit Gougeard, de faire sur ce point « un effort vigoureux pour le contenir et l'arrê- « ter, et, dans le cas où il se déroberait, de ma- « nœuvrer suivant les circonstances, et, en tout « cas, de prendre l'offensive. »

Quant à moi, j'étais resté quelques instants en arrière pour mes préparatifs, sûr que je ne tarderais pas à avoir de la besogne. Je montai à cheval vers midi, et, au grand trot, je passai le pont de l'Huisne, je traversai le chemin de fer de Paris au Mans et, à la Fourche, prenant la route de droite qui conduit à Ardenay, je pressai mon cheval, entendant la canonnade qui commençait. Chemin faisant j'aperçus, couché dans le fossé du côté droit de la route, un lieutenant de mobilisés de Lorient, M. B..., qui avait suivi à l'Armée de Bretagne un de nos officiers supérieurs dont il était le proche allié. Il s'était fait remarquer par ses allures de matamore. Je ne pus m'empêcher de rire en le voyant ainsi terré, bien à l'abri des projectiles et à prudente distance des troupes engagées. Excepté lui, personne sur la route.

Sans ralentir ma course, j'arrivai bientôt à un endroit de la route complètement découvert, du côté droit où n'existaient plus ni arbres, ni talus bordant le chemin. A quelques centaines de mètres en avant d'Ardenay, une batterie ennemie, à demi cachée dans les broussailles, lançait des projectiles qui, enfilant la route, justement sur sa partie découverte, allaient éclater dans le bois du côté gauche où s'avançaient nos tirailleurs. Là, Marquis, si docile pourtant, s'arrêta net et refusa d'avancer malgré mes coups de talon et de cravache. Ce bon cheval, qui jamais ne s'était effrayé du canon, en entendant le sifflement des obus qui passaient au-dessus du chemin et qui brisaient les arbres du côté gauche, vit bien qu'il s'exposerait à un mauvais coup en franchissant cet espace nu où il servirait certainement de cible. De grands coups de cravache l'obligèrent enfin à quitter notre abri et à partir ; mais ce fut ventre à terre et avec une rapidité que je ne lui connaissais pas. Il franchit ce passage dangereux de 6 à 700 mètres en quelques instants, pendant lesquels la batterie allemande eût à peine le temps de nous tirer trois ou quatre coups de canon. Il cessa de lui-même cette course vertigineuse en abordant le petit groupe de l'état-major, qui se tenait immobile sur la route, derrière un bouquet d'arbres bordant le côté droit.

Nous nous trouvâmes là réunis au nombre de six ou sept : le général Gougeard, le chef d'état-major Besnard, deux ou trois autres officiers, tous restés à cheval, et, à pied, assis au bord du fossé, l'aide-médecin auxiliaire de la marine Schmutz, appartenant à un bataillon qui opérait dans le bois tout contre. En cet endroit, à deux ou trois kilomètres d'Ardenay, la route forme un léger coude et les arbres nous masquaient assez bien à la vue des artilleurs allemands. Le groupe de l'état-major n'avait sans doute pas été aperçu, car il n'avait pas encore reçu d'obus ; mais mon arrivée ayant probablement attiré l'attention sur notre bouquet d'arbres, celui-ci devint bientôt le point de mire d'une partie de la batterie ennemie, l'autre partie continuant à lancer des projectiles dans le bois voisin, où la fusillade était devenue très vive.

Le gros de notre artillerie s'était porté en avant et avait engagé le combat avec l'artillerie allemande.

Cet engagement que nous n'apercevions pas, était, d'après Gougeard et le commandant Coq, soutenu avantageusement par les nôtres. Mais nous n'avions près de nous que deux petits obusiers de montagne, en bronze, d'un vieux modèle et avec lesquels il n'eût pas été possible de soutenir un combat, leur portée n'étant pas comparable à celle des pièces allemandes. Nos canonniers les mirent bravement en position, hors du bouquet d'arbres et tirèrent quelques coups sans résultats appréciables. Pendant ce temps, le tir de l'ennemi se précisait. Un premier obus, destiné à notre groupe, frappa un peu trop à droite, un deuxième, un peu à gauche. Le troisième vint éclater au milieu de nous, entre les jambes de mon cheval qui ne fut pas atteint, mais éventra et brisa les jambes de celui de l'officier d'ordonnance, M. de Cillart, placé tout contre moi, botte à botte. M. de Cillart tomba avec son cheval. Je sautai à terre et je le dégageai. Il n'était pas blessé, ni personne autre.

L'endroit était devenu trop mauvais, et, si nous y étions restés, nous aurions tous été tués, hommes et chevaux. Le général le vit bien ; car, se tournant vers nous, il nous donna le signal de la retraite en disant : « Notre reconnaissance est faite, l'ennemi est en forces, rentrons au camp. » Et nous partîmes avec nos deux petits canons. Aussitôt les Allemands se mirent à notre poursuite. Leur canonnade s'interrompit pendant les quelques instants qu'ils mirent à faire franchir à leur batterie, les haies et les broussailles qui la séparaient de la route, circonstance heureuse qui nous permit de passer sans perte la partie découverte du chemin. Ils auraient pu nous abattre tous en continuant leur tir sans se déplacer.

Cependant, notre division qui, depuis deux heures, se battait dans les bois et dans les champs, commençait à reculer. En même temps que l'ennemi se rapprochait d'Yvré en nous suivant, je le voyais s'avancer aussi vers Pontlieu et le côté Sud du Mans, en poussant devant lui nos faibles détachements à travers les taillis et les bois de jeunes pins. Je crois que ce même jour il aurait pu, sans grande difficulté, entrer dans Le Mans par Pontlieu et la Tuilerie, comme il l'a fait le lendemain.

Nous arrivâmes vite et sans perte à la petite gare d'Yvré, qui est éloignée de quelques kilomètres du bourg. Il n'y faisait pas bon ; les obus éclataient de tous côtés et la fusillade approchait. Il y avait là de nombreux blessés, que soignaient mes jeunes et braves camarades Guyot et Bréhier, sans s'émouvoir du danger qu'ils couraient eux-mêmes et sans songer à se replier.

Laissant l'état-major qui ne s'était pas arrêté, filer sur Yvré, je mis pied à terre et j'expédiai mon ordonnance sur mon cheval pour hâter l'arrivée des charrettes que j'avais réquisitionnées pour le transport des blessés, puis je me mis en devoir, avec mes deux camarades, de faire des pansements sommaires, de relever les blessés, de les installer le plus vite possible dans les voitures qu'on renvoyait au fur et à mesure.

Cependant, nos troupes étaient en pleine retraite. Deux pelotons, l'un de zouaves pontificaux, l'autre de soldats de ligne, partis le matin en avant-garde et revenant en extrême arrière-garde, arrivaient en reculant pas à pas, le premier à droite, le second à gauche de la route, face à l'ennemi, avec lequel ils échangeaient des coups de fusils. Les balles et les éclats de fer pleuvaient en sifflant et le bruit des explosions empêchait de s'entendre parler. Encore, grâce à la neige et à la boue, tous les obus n'éclataient-ils pas. Même un de nos hommes commit l'imprudence d'en ramasser un qu'il vint me présenter. Ce malheureux fut tué quelques instants après.

La place n'était plus tenable, nous allions partir, quand l'employé de la gare (car il n'avait pas quitté son poste) vint me dire qu'un blessé que je n'avais pas encore vu me réclamait. Ce malheureux était étendu à terre, dans un coin de la gare, la poitrine défoncée, le ventre ouvert, les intestins traînant dans la boue et entremêlés de paille, le foie et le poumon droit déchirés et en partie emportés. C'était un Brestois, il me reconnut et m'appela par mon nom. Il n'avait plus que quelques minutes à vivre. Je le relevai à demi. Je nettoyai ses intestins en lui disant quelques paroles d'espoir et je fis semblant de le recoudre : fermer cette immense plaie était impossible, car il manquait une trop grande étendue des parois du ventre et de la poitrine. Le malheureux ne paraissait pas souffrir. Il expira tranquillement.

Il était environ trois heures. Satisfait d'avoir pu relever et expédier tous les blessés, pressé de rejoindre ceux que j'avais dirigés sur Yvré, je faisais signe à mes deux camarades de nous mettre en route immédiatement, quand je reçus au bras

gauche un choc violent, douloureux et engour-
dissant, comme un coup de barre de fer. Un flot
de sang jaillit et m'inonda : c'était un obus qui
avait fait explosion près de moi et dont un éclat
m'avait coupé les vaisseaux et les nerfs en
pénétrant à la partie supérieure et interne du
bras, à travers le brassard de Genève que, par
une ironie du sort, je portais pour la première
fois, ce jour-là. Me tournant vers Guyot, je l'ap-
pelai à mon secours tout en m'avançant vers la
seule charrette restée à quelques pas contre le
fossé et que, comme par un pressentiment, j'avais
retenue malgré les protestations du voiturier. J'a-
vais pu faire une dizaine de pas, mais en mettant
le pied sur le marche-pied, la force me manqua et
sans mes deux camarades, je tombais à la renverse. Ils me déposèrent inanimé dans la carriole,
qui partit au galop vers Yvré. Il ne fallait pas
songer à me soigner là, sur la route : mes deux
amis eussent été tués et moi achevé.

Je restai privé de connaissance pendant le
trajet. Quand je revins à moi, je me trouvais
étendu sur un petit lit de fer trop court, contre
la porte de l'unique salle de l'hôpital d'Yvré.
Guyot et Bréhier étaient près de moi. Ils avaient
couru à côté de la carriole pendant les quatre
kilomètres de la gare au bourg. Ils coupèrent mes
vêtements tout imbibés de sang et découvrirent

la blessure au-dessus de la partie moyenne du bras. L'hémorragie, qui avait été énorme, s'était arrêtée d'elle-même, grâce à ma longue syncope, à la plasticité de mon sang, à la rétraction des deux bouts de l'artère humérale entièrement coupée et à la formation de caillots fermant ces deux bouts. A la partie antéro-externe du bras, une saillie dure trahissait la présence sous la peau du projectile qui avait passé entre l'os humérus et le muscle biceps en coupant en travers presque toute l'épaisseur de ce muscle.

Guyot, tout de suite, procéda à l'extraction. Une incision découvrit l'extrémité du fragment d'obus, que l'opérateur saisit et essaya d'arracher. Mais sa partie cachée dans les chairs, étant plus grosse et plus large et se terminant par un fort bourrelet en saillie brusque, il fallut à deux reprises agrandir l'incision. Enfin le morceau de fonte fut extirpé. Mais quelles souffrances ! Par une heureuse et habile inspiration, l'opérateur n'avait pas tenté l'extraction par la plaie d'entrée. Le frottement rude du corps étranger sur les bouts coupés de l'artère et des veines humérales, aurait peut-être renouvelé l'hémorragie, ce qui eût été grave, car je n'avais plus de sang à perdre.

A ce moment arriva le général Gougeard ; un peu ému, je crois, il m'embrassa. Il télégraphia au docteur Cràs, chef de l'ambulance de la marine, qui était au Mans. Cràs arriva vers minuit. Son examen confirma le diagnostic, déjà indiqué par l'absence de pouls radial et, quoique l'hémorragie ne se fut pas reproduite, il se mit en devoir de trouver et de lier dans la plaie, les deux bouts de l'artère, ce qui n'était pas facile. Il y réussit heureusement, quoique à peine éclairé par deux chandelles fumeuses et obligé, faute des instrument nécessaires, d'écarter, au moyen de manches de fourchettes de fer, les lèvres déchirées de la blessure, au fond de laquelle il opérait. Le trouble nerveux auquel j'étais en proie et la presque impossibilité de m'anesthésier par le chloroforme, ne lui permirent pas de rapprocher les bouts écartés du nerf médian, également coupé et dont un tronçon était enlevé.

Ma vie était sauve, du moins pour le moment ; car peu après j'ai failli mourir d'anémie. Mais la ligature étant pratiquée, j'étais assuré de n'avoir pas d'hémorragie secondaire.

Mes souffrances avaient été affreuses pendant l'extraction de ce gros projectile et la ligature, surtout quand on pinçait le nerf médian pour en rapprocher les deux bouts. Le reste de la nuit ne fut pas beaucoup meilleur. J'étais resté couché sur le même petit lit trop court, placé contre la porte s'ouvrant directement sur la route et que l'encombrement de la salle ne permettait pas de fermer. Il faisait un froid intense qu'un homme bien portant aurait à peine supporté.

Enfin le jour parut. Bien convaincu que les Allemands prendraient Yvré et Le Mans, le jour même, j'avais demandé à être transporté le plus tôt possible au Mans, afin de partir pour Brest par le premier train.

Que serais-je devenu au milieu de la canonnade et de la fusillade, dans ce fouillis et ces bousculades de la ville prise ? Je ne voulais pas tomber aux mains de l'ennemi auquel j'avais échappé la veille, grâce à mes deux jeunes camarades, ni être jeté dans une de ces ambulances encombrées de mourants et de morts.

Donc, le 11 janvier, à sept heures du matin, aux premières lueurs du jour, on me portait hors de l'hôpital d'Yvré-l'Evêque et, en attendant l'omnibus de la division, qui devait me conduire au Mans, on me déposa sur la route, qui était couverte d'une couche de neige glacée. Dans l'état de faiblesse et d'anémie ou j'étais, je serais mort de froid en peu de temps. Mais l'omnibus arriva et l'on m'y installa. Il fallut deux ou trois heures pour faire les cinq kilomètres qui nous séparaient du Mans. J'étais accompagné de Bréhier et de mon ordonnance Jean.

Nous arrivâmes enfin à la gare du Mans. Il fallut attendre, dans un bureau, la formation du train. On partit vers midi, au bruit de la bataille. Le voyage me parut long, mais il se passa bien. J'arrivai à Brest à une heure du matin, le 12 janvier. Le directeur du service de santé de la marine, docteur Rochard, eut la bonté de venir me recevoir à la gare. Une voiture me porta chez moi, car j'avais formellement recommandé qu'on ne me conduisit pas à l'hôpital de la Marine, que je savais encombré et infecté. Devant ma porte je descendis de voiture sans aide et, sans aide, je montai mes trois étages.

J'étais arrivé ! Quel soulagement ! Mais restait à me guérir de ma blessure et de la profonde anémie qui en était la suite. Et pouvais-je espérer conserver mon bras ? Je l'ai conservé, mais au prix de quelles souffrances, de quels dangers et dans quel état ! J'ai failli mourir et, si j'ai gardé ce malheureux bras, je n'en ai pas repris l'usage et il est resté hors de service, avec les doigts paralysés et ankylosés. C'est aux soins très habiles et très dévoués de mes camarades et collègues, les docteurs Beau, professeur de clinique chirurgicale et chirurgien en chef, et Maréchal, médecin de première classe de la marine, que je dois ma guérison et ma reconnaissance.

X

Le 11 janvier 1871, pendant que je m'éloignais du Mans, trop heureux d'être sorti vivant de cette sanglante et désastreuse mêlée, l'ennemi poussait son attaque plus vivement que la veille et sur tous les points à la fois. Vainement, dans l'après-midi, le général Gougeard, conduisant une partie de la division, reprenait par une brillante mais inutile et meurtrière attaque le plateau d'Amours, d'où la division Paris venait d'être chassée ; vainement l'artillerie de la division de Bretagne défendait victorieusement le passage des ponts de l'Huisne ; vainement à gauche nous avions conservé nos positions ; à droite, où la défense était mal organisée, l'ennemi, avançant toujours, entrait au Mans, après avoir occupé, comme je le dirai plus loin, l'importante position de la Tuilerie et bombardé la gare, que j'avais quittée quelques heures auparavant.

Ce fut la fin de cette impuissante et inutile défense, le dernier acte de ce qu'on a appelé, je ne sais pourquoi, la « glorieuse retraite de l'Armée de la Loire », retraite qui n'a guère été qu'une série de défaites et de débandades.

Je n'ai pas à décrire la prise du Mans par l'armée allemande, puisque, heureusement pour moi, je ne l'ai pas vue. Mais, ceux qui y ont assisté, ont certainement conservé et conserveront toute leur vie le souvenir de cette débâcle.

Il faut dire cependant que quelques-uns de nos corps de troupes ont fait leur retraite en bon ordre. Il en fut ainsi de la division de Bretagne qui, après avoir repoussé une nouvelle tentative de l'ennemi pour passer la rivière, le matin du 12, reçut l'ordre d'abandonner ses positions et de se replier sur Alençon. Cet ordre du général en chef de battre en retraite disait : « Sauvons du moins l'honneur ! »

Pendant une halte à Saint-James, un autre ordre du général en chef lui prescrivait de faire route sur Sillé-le-Guillaume, où elle arriva le 13, à quatre heures du soir, exténuée de fatigue. Le 17 elle se rangeait derrière la Mayenne. Elle était à Couterne et à La Ferté-Macé quand lui parvint la nouvelle de l'armistice. Enfin, le 7 mars 1871 elle était licenciée.

De toute l'Armée de Bretagne, la division Gougeard est le seul corps qui ait fait campagne. C'est même la seule division qui ait été formée.

Le premier bataillon des mobilisés de Brest,

qui avait fait partie de cette division et qui en avait été éliminé le 2 janvier 1871, avait, comme je l'ai dit, fait toute la campagne de décembre, honorablement et généralement en avant-garde. Relégué avec d'autres bataillons en arrière du Mans, il avait été cantonné à Preuillé-le-Chétif. Le 5 janvier il quitta ce cantonnement pour venir à Preuillé et se rendre de là à Arnage, à 9 kilomètres du Mans. Le 7 janvier il est posté dans un bois de pins de chaque côté du « Chemin aux bœufs », à l'extrême droite. Il reste là. Le 10, le bruit du canon, de la fusillade et des mitrailleuses se rapproche. Il attend toujours des ordres. Il est oublié dans le bois de pins. Il voit arriver le général Isnard de Sainte-Lorette. Ce général qui, avec sa troupe, paraît aussi oublié que le bataillon de Brest, interroge un officier qui passe et qui répond : « L'ordre est de battre en retraite. » Le général réplique : « Je n'y comprends plus rien. » Des soldats de l'active qui ont combattu, défilent, se rabattant sur Arnage. Isnard reste avec ses troupes, les Brestois restent aussi. Depuis le matin, les blessés passaient, portés dans des cacolets. A midi, le bataillon mange, assis sur la neige. Vers trois heures, fusillade et canonnade plus violentes. A dix heures du soir, le bataillon, toujours à la même place, entend la bataille de tous côtés. Des soldats en retraite passant, montrent leurs cartouchières vides. Le 11, la bataille continue toute la journée, plus acharnée. Le bataillon attend toujours. A huit heures du soir, les Allemands prennent la Tuilerie et entrent au Mans. Le 12, au matin, le bataillon, toujours oublié dans le bois, apprend cette nouvelle et bat en retraite pour n'être pas fait prisonnier. — Après la prise du Mans, le bataillon de Brest s'est dirigé sur Laval, a passé par Rennes, Nantes, Segré et Ancenis, d'où il est parti pour Brest, où il est rentré le 7 mars 1871, après 124 jours d'absence. Parti avec un effectif de 1.200 hommes, il est rentré à Brest avec 720 hommes. (Sergent Robert).

Si au lieu d'être oublié dans un bois où il n'y avait rien à faire, le bataillon de Brest avait été posté à la Tuilerie, il aurait défendu cette position importante et en aurait empêché ou au moins retardé la prise.

Quant au camp de Conlie, cette erreur dont la responsabilité retombe sur Kératry et sur Gambetta, quoique ses inconvénients eussent paru évidents dès les premiers jours, ce ne fut guère qu'après le départ de la division de marche que fut comprise la nécessité de l'abandonner.

Le 23 novembre, M. Carré-Kérisouet, commissaire général de l'Armée de Bretagne, écrivait à Kératry : « Nous ne devons pas user inutile-

« ment les forces que nous avons entre les mains
« et dont le pays aura besoin plus tard. Nous
« avons 15.000 hommes armés, le reste est un
« troupeau sans défense qui tomberait au pouvoir
« de 500 hommes, avec tout le matériel du camp.
« Mon avis est que vous laissiez des ordres précis
« pour faire évacuer le camp en cas de danger.
« Bien plus, je suis d'avis de cesser tout et de
« renvoyer tous les hommes sans armes, tous ceux
« qui n'ont plus de munitions, etc. On ne peut
« pas laisser une masse désarmée près de l'en-
« nemi. »

Après la démission de Kératry, la situation empira sous tous les rapports. Le général Le Bouédec, commandant par intérim, continua à recevoir des bataillons et le 12 décembre le camp contenait 49 à 50.000 hommes.

A cette date, le général de Marivault prit le commandement du camp. Son premier acte fut d'envoyer aux préfets des départements bretons l'ordre de suspendre tout envoi de troupes. Il demanda en même temps, au ministre de la Guerre, des ordres pour l'évacuation du camp sur l'Ille-et-Vilaine, en gardant seulement la redoute qui, complètement armée, pourrait être défendue par 500 hommes. Le peu d'importance stratégique du camp, l'encombrement de plus en plus grand d'hommes non armés ou très mal armés, privés de la possibilité de s'instruire ; la température de plus en plus mauvaise, la boue de plus en plus profonde, empêchant tous les services ; l'impossibilité de repousser une attaque, tandis qu'en Bretagne, ce personnel « vaillant et robuste » pourrait arrêter des forces importantes ; tels étaient les motifs qui s'opposaient à la conservation du camp. « Dans cette situation, dit « le rapporteur de la commission d'enquête sur « les actes du Gouvernement de la Défense, que « devaient penser ces braves gens arrachés à « leurs travaux et à leur famille, maintenant « mal vêtus, mal abrités, non armés, réduits à « croupir dans la boue, sans utilité pour la Pa- « trie ? » Ils pensaient que la Défense Nationale était un prétexte, qu'on ne voulait pas armer les Bretons, mais les humilier. Des meneurs peut-être les poussant, on entendit un jour, dans le camp, des cris de révolte et de désertion : « Partons, retournons chez nous ! » Le général de Marivault parvint à les calmer et à les faire rentrer dans l'obéissance par des paroles sympathiques et en faisant appel à leurs bons sentiments.

Comme il était facile de prévoir qu'après la défaite du général Chanzy, sur la ligne du Loir, le Mans deviendrait l'objectif de l'armée allemande et que les lignes de la Sarthe et de l'Huisne étant forcées à leur tour, il faudrait battre en retràite sur la Mayenne, on devait se demander ce que, dans ce cas, deviendraient les 50.000 hommes du camp de Conlie, sans armes, incapables de se défendre. Pris d'un coup de filet, ils iraient rejoindre les prisonniers de Sedan et de Metz, ou bien fuyant en désordre et obstruant les routes, ils gêneraient la retraite des troupes de Chanzy, poursuivis par le vainqueur et aggraveraient encore le désastre. Pour prévenir cette autre catastrophe, M. de Marivault pensa, avec raison, qu'il fallait ramener tous les mobilisés du camp de Bretagne, soit dans un nouveau camp, soit plutôt dans de bons cantonnements, où leur existence serait meilleure et leur instruction militaire possible.

Mais le ministère de la Guerre, pour qui l'institution des camps était un dogme intangible, opposa un refus à cette demande si justifiée et que, de plus, corroborait pleinement une commission d'enquête présidée par le général Haca. Il fallut près d'un mois de réclamations pour obtenir un quasi assentiment à l'évacuation.

Cependant, M. de Marivault n'avait pas attendu le consentement donné à contre-cœur et non sans restrictions. Dès le 12 décembre, il avait commencé à diminuer son personnel en exagérant le chiffre de deux envois de mobilisés aux lignes de Carentan et du Mans ; puis, sans ordre, du 18 au

20 décembre, il avait évacué 22.000 hommes sur le Finistère, la Loire-Inférieure, l'Ille-et-Vilaine et le Morbihan, ce qui avait réduit la population du camp à 19.000 hommes. Du 31 décembre au 3 janvier, les évacuations continuèrent si bien qu'il ne resta plus à Conlie que six bataillons de l'Ille-et-Vilaine, formant 6.600 hommes qui eussent été bientôt acheminés vers la Bretagne si le délégué de la Guerre, M. de Freycinet, n'avait pas interdit l'abandon complet du camp. Ce sont ces bataillons qui, appelés et placés devant le Mans par le général Chanzy, ont été accusés par lui d'avoir lâché pied à la Tuilerie.

Le camp de Conlie avait vu passer et séjourner dans son enceinte 65 à 70.000 hommes.

En même temps que, sans l'avis du ministre, les troupes campées quittaient Conlie, la majeure partie du matériel d'artillerie était par son ordre à grand'peine enlevée et envoyée à Besançon; puis les canons de moindre calibre expédiés, mais trop tard pour la défense du Mans. Ni les unes ni les autres de ces bouches à feu ne furent utilisées. Le colonel Julien, commandant de l'artillerie du camp de Conlie, avait demandé à garder la redoute de Tennie avec 500 hommes, promettant d'arrêter au moins pendant quelques jours la marche des Allemands vers Laval. Sa proposition ne fut même pas écoutée et quand, deux

jours après la prise du Mans, les Allemands arrivèrent à Conlie, ils entrèrent sans la moindre
résistance dans ce camp désert où ils pillèrent et
détruisirent une grande quantité de vivres et d'approvisionnements divers et incendièrent les cons-
tructions et tout ce qu'ils ne voulurent pas emporter.

Enfin, et pour terminer l'histoire des diffé-
rentes fractions de l'Armée de Bretagne, la fraction la plus favorisée de cette Armée avortée,
fraction qui n'a pas paru à Conlie, comprenait
un certain nombre de bataillons restés dans les
départements bretons, disséminés, cantonnés ou
errant à l'aventure, sans utilité si ce n'est pour
les hôteliers et les aubergistes. Ces bataillons,
comme les autres, furent licenciés à la paix.

Ainsi finit l'Armée de Bretagne.

Née le 22 octobre 1870, elle était trente-cinq
jours après et sans avoir eu le temps de s'organiser
et de s'armer, privée de son autonomie et de son
promoteur et général en chef, disloquée, une faible partie versée dans le 21e corps, le reste aban-
donné dans la boue de Conlie ou dans les départements de l'Ouest, enfin complètement dissoute
après cent trente jours d'existence.

XI

Je pourrais mettre ici le point final à ces souvenirs. Mais j'ai à cœur de répondre à une accusation que, pour ne pas s'accuser lui-même, le général Chanzy a portée contre les mobilisés bretons, qu'il déclare être cause de notre défaite du Mans. Je tiens aussi à montrer combien injuste a été la défiance du Gouvernement, ou plutôt du ministère de la Guerre à l'égard de l'Armée de Bretagne et à rechercher les causes qui ont frappé d'impuissance l'effort patriotique fait par les départements bretons pour la défense nationale.

Trente-sept années se sont écoulées depuis les événements dont je viens de donner la relation fort incomplète, mais sincère. Ces événements sont entrés dans l'Histoire et l'on peut en parler froidement. Je vais donc revenir sur certains faits, comme la prise du Mans, en m'aidant de documents officiels insérés dans les rapports des procès-verbaux de l'enquête parlementaire de 1871 sur les actes du Gouvernement de la Défense Nationale.

En ce qui concerne le camp de Conlie et l'Armée de Bretagne, le rapport de la commission d'enquête dit :

« Un effort considérable a été, dès le mois « d'octobre 1870, fait par la Bretagne pour met- « tre immédiatement son contingent mobilisé « (80.000 hommes) en état de prendre une part « active à la défense nationale, et, tandis que « dans le reste de la France, les mobilisés n'ont « été presque partout remis à la Guerre que dans « le courant de janvier, dès la fin de novembre « la Bretagne avait levé plus de 40.000 hommes « et le 9 décembre plus de 50.000 (1). » Pourquoi cet effort a-t-il avorté ? », demande le rapport.

L'effort breton a avorté comme l'effort de la France entière. Tout se paie, et il fallait que la France payât ses vingt années d'Empire, heureuse encore d'en être quitte ainsi, car rien n'empêchait la Prusse de la conquérir tout entière. Du jour où les Français, après avoir sottement ac-

(1) Dans le Midi surtout, la grande majorité des mobilisés ne sortirent de leurs départements (ceux qui en sortirent) que dans la seconde moitié de janvier ou même en février. Une dépêche de M. de Freycinet, du 5 février 1871, insiste pour leur départ, disant : « Il ne faut pas que l'on puisse dire que les mobilisés du Midi ne veulent pas servir le pays. »

cueilli comme député, Louis Bonaparte, lui ont mis aux mains les rênes du Gouvernement, ils devaient s'attendre à une période de guerres. On proclamait que « l'Empire, c'était la paix » et les guerres allaient leur train, plus stupides les unes que les autres. Une catastrophe était immanquable.

Nos armées battues, écrasées, prisonnières, que pouvait faire la Bretagne ? Elle avait donné ses jeunes gens et quand on ordonna la levée des mobilisés, les mobilisés partirent et partirent les premiers. Mais il était trop tard. On s'était figuré qu'il n'y avait qu'à frapper la terre du pied pour en faire sortir des bataillons armés et prêts au combat. On ne paraissait même pas se douter que cet arrière-ban, composé surtout de gens de la campagne, avait besoin de recevoir au moins les premières notions du métier de la guerre. On entassa les hommes dans un camp boueux, souvent sans chefs sérieux, sans cadre, sans instructeurs, sans armes, de sorte qu'au lieu de rattraper le temps perdu pour l'instruction militaire, les mobilisés continuèrent à en perdre. — Et de quelle utilité pouvaient être ces hommes dont quelques-uns armés seulement de fusils de pacotille ? Pouvait-on les opposer à des troupes nombreuses, aguerries, bien commandées, bien armées, sûres d'elles-mêmes et habituées à la victoire comme les troupes allemandes ? Non ! il fallait les **ramener** en arrière et c'est ce que fort heureusement on a pu faire à temps. Ces 50.000 hommes n'ont donc été d'aucune utilité pour la défense nationale. Je ne parle pas des bataillons restés cantonnés en Bretagne. Quant à la division Gougeard, seul corps des mobilisés bretons qui ait fait campagne, elle a supporté de grandes fatigues et a fait preuve de qualités militaires dans les journées des 10, 11 et 12 janvier. Mais cette division n'était pas composée que de mobilisés bretons et, quelque honorable qu'aient été ses services, elle n'a joué qu'un rôle secondaire dans la grande armée du général Chanzy.

On peut donc affirmer, que l'effort considérable fait par le pays breton en 1870-71 a été inutile au point de vue de la défense nationale, qu'il n'a pas retardé d'une minute l'invasion allemande, qu'en un mot, il a abouti à l'avortement complet et qu'enfin il aurait mieux valu laisser les mobilisés chez eux.

Cependant le patriotisme et le dévouement des mobilisés eussent été, si l'on avait voulu ou su les mettre en œuvre, d'un secours considérable pour la défense des départements de l'Ouest. Malheureusement, d'injustes préventions politiques, le désordre, le mauvais vouloir, ont annihilé le généreux empressement de la Bretagne, dont les cinq départements pouvaient offrir à l'armée 40 à 50.000 bons soldats, lesquels devant le Mans auraient changé la face des événements.

D'abord, à peine le décret de formation de l'Armée de Bretagne était-il promulgué, à peine avait-il reçu un commencement d'exécution, que de mauvais conseillers inspiraient à Gambetta une défiance injuste à l'égard des Bretons, qu'on lui représenta, je l'ai déjà dit, comme devant former une armée royaliste et séparatiste. Dans une dépêche à Kératry, il disait : « Oubliez que vous êtes Bretons et souvenez-vous que vous êtes Français. » Bretons, les mobilisés l'étaient certes, mais bons Français aussi. Les gens de cette époque n'ont pas oublié l'enthousiasme excité par Kératry appelant ses concitoyens à la défense de la Patrie. L'élan fut unanime et d'autant plus remarquable qu'il se montrait chez des hommes mûrs, dont les uns votèrent de larges sacrifices d'argent et les autres quittèrent leurs intérêts, leurs champs, leurs familles pour offrir leur vie à la Patrie. Non, ce n'étaient pas des ennemis de la France ni de la République ces hommes qui abandonnaient tout et marchaient en chantant : Araok ! araok ! bugale Breiz, tend ha galoum, araok ! (1) et qui,

(1) En avant, en avant ! enfants de la Bretagne, gens de cœur, en avant !
(Chanson de guerre contre les Allemands, 50 couplets.)

plus d'une fois dans la neige, le ventre creux ont crié : Vive la France ! à l'annonce d'une nouvelle bonne ou mauvaise. Non ! je l'affirme, nous n'étions pas une armée royaliste, pas plus royaliste que séparatiste. Nous étions simplement de bons Français décidés à faire notre possible pour arrêter l'invasion étrangère.

Lors de la revue des mobilisés, passée par Kératry à Brest, non seulement personne ne manqua à l'appel, mais nous avons vu des hommes dispensés de plein droit du service militaire par leur âge ou leurs infirmités insister pour partir. L'honorable sergent Robert, à qui nous empruntons ces détails, avait été réformé du service, lors de la levée de sa classe, pour maladie de cœur. Le général, voyant son livret, lui dit qu'il n'était pas bon pour le service. Robert insista et resta, disant que sa maladie achèverait de se guérir en faisant campagne. Et, en effet, il n'est rentré dans ses foyers qu'à la paix, après avoir toujours bravement fait son service. Nous avons vu, à cette époque, d'autres exemples de ce dévouement patriotique. Je ne citerai que celui du soldat Kuchner. C'était un tout petit homme bossu. Il s'était placé tranquillement dans les rangs. En passant l'inspection, Kératry s'arrêta court devant lui et lui dit : « Vous ne pouvez pas être soldat ! Comment porterez-vous le sac ? ». — « Je n'ai pas besoin de sac, dit énergiquement Kuchner. J'aurais une musette, ma cartouchière et mon fusil. » On lui permit de rester au bataillon et il fit courageusement toute la campagne, résistant à toutes les fatigues et, par surcroit, faisant la cuisine, comme l'y prédisposait son nom.

Le ministre de la Guerre, s'il s'était informé, aurait appris que nous étions loin des ducs de Bretagne et que la chouannerie était morte depuis longtemps et à tout jamais. Et pourtant, comme la presse et plusieurs municipalités, entre autres celle de Rennes, reprochaient au Gouvernement de refuser des armes aux mobilisés de Conlie, le préfet d'Ille-et-Vilaine répondit au maire de Rennes : « C'est vrai, mais aussi on a eu « tort de faire une armée de Bretons. A Tours, « ces messieurs craignent que ce ne soit une « armée de Chouans. »

Cette crainte chimérique n'a pas seulement empêché l'armement des mobilisés, elle a aussi retardé jusqu'au dernier moment l'évacuation du camp de Conlie, ainsi que le prouve une dépêche de M. de Freycinet, disant pour motiver le refus du Gouvernement de faire évacuer le camp, que celui-ci avait un caractère politique.

Et quant aux bureaux de la Guerre, naturellement hostiles à cette armée indépendante qui s'administrait en dehors de leur autorité, ils ne

pouvaient que partager les sentiments de leurs
chefs, dont le plus important, M. le directeur
de Loverdo, chargé de plusieurs directions, ap-
pelait dédaigneusement nos bataillons de mobilisés « les bandes réunies sous le nom d'Armée
« de Bretagne. »

Du reste, l'enquête parlementaire a surabon-
damment prouvé que le ministère de la Guerre,
loin de vouloir utiliser les mobilisés Bretons en
les armant, comme c'était son devoir et comme le
voulait l'intérêt de la Défense, leur a refusé les
moyens de prendre part à cette défense. Dès
l'appel des mobilisés, Kératry, d'accord avec le
ministre Gambetta, leur avait formellement promis de les armer de fusils à tir rapide, de mitrailleuses, de canons à longue portée, etc. Mais bientôt, regrettant son décret du 22 octobre, le Gouvernement manifesta sa défiance à l'égard de
l'Armée de Bretagne par le peu d'empressement
qu'il mit à lui procurer des armes. Excepté trois
ou quatre bataillons armés dans leurs départements, de fusils américains ou de mauvais fusils
prêtés par les compagnies de pompiers, tous les
autres, comptant sur les armes modernes pro-
mises par le ministre de la Guerre et le général
en chef, arrivaient sans armes au camp de Conlie.
Quoi qu'il y eût encore « quelques milliers de
chassepots » dans les arsenaux de l'Ouest et mal-

gré les nombreux arrivages de fusils étrangers, les réclamations incessantes de Kératry restèrent sans résultat. La plupart des fusils de bonne qualité étaient envoyés dans le Midi, où les mobilisés n'étaient pas encore sortis de chez eux. Il faut lire dans le rapport de la commission d'enquête, les démarches, les réclamations, les luttes, les déceptions de Kératry et de ses principaux lieutenants, pour obtenir des fusils. M. Carré-Kérisouet, malgré les promesses des premiers jours, trouva une résistance ouverte dans la commission d'armement. Des membres de cette commission contestèrent aux mobilisés le droit d'avoir autre chose que les vieux fusils à percussion. Kératry menaça de donner sa démission, vains efforts ! Impossible de vaincre les influences hostiles. Le 24 novembre, au moment du départ de la division de marche, les 35.000 hommes présents au camp, n'avaient obtenu que 6 à 7.000 fusils étrangers de divers modèles, et 1.400 chassepots sans aiguilles, ni nécessaires d'armes, ni munitions, alors qu'il restait au moins 38.000 fusils à tir rapide disponibles.

Que voulait-on faire de ces armes, dont le nombre augmentait par de nouveaux arrivages et par des trouvailles faites dans plusieurs villes ? Et pourquoi, si ce n'est à cause des préventions politiques, les refusait-on à des troupes pleines de bonne volonté, réunies dans un camp et qui ne demandaient qu'à être armées ? Ces refus, qui semblaient bien être regardés comme une marque de défiance ou de mépris, frappaient sûrement de stérilité et de nullité le dévouement des mobilisés Bretons.

Le grand grief, le seul peut-être qui, dans l'opinion publique, se soit élevé contre la création de l'Armée de Bretagne, a été le camp de Conlie, dont la boue, devenue légendaire, a été regardée non seulement comme le plus grave inconvénient du camp, mais aussi comme le principal obstacle à l'instruction et à la mise en état des troupes bretonnes. Certes, le déplorable état du sol et de l'atmosphère a nui à tous les services du camp et a pu, à la longue, avoir une fâcheuse influence sur le moral des troupes et contribuer à inutiliser, au point de vue militaire, cette grande agglomération d'hommes. Mais pour une armée, un tel inconvénient est peu de chose comparé au manque d'armes. Si nos troupes avaient été armées et pourvues d'instructeurs, elles auraient appris le maniement du fusil sur les routes voisines et sur la place du village.

Au camp, le petit nombre d'hommes armés et même ceux qui n'étaient armés que de bâtons, parvenaient à s'exercer dans les endroits les moins boueux. Le défaut d'armement, tel a été, je le répète, au camp de Conlie, comme il l'aurait été ailleurs, le vice radical, la cause principale de l'inutilité de l'Armée de Bretagne. Et ce vice ne peut être imputé qu'au ministère de la Guerre.

Si les mobilisés Bretons avaient été levés plus tôt, dès la première semaine de septembre, ou seulement au commencement d'octobre ; si on leur avait adjoint des inscrits maritimes parmi lesquels on aurait trouvé des canonniers et des instructeurs, qui les auraient encadrés ; s'ils avaient été pourvus immédiatement de fusils modernes ; si, au lieu de les entasser sans armes dans le camp de Conlie. (Les camps et surtout les camps d'instruction en hiver, en plein air, en plein champ, sur des terres labourées, sans baraques construites à l'avance, sans chemins empierrés, etc., sont une énorme erreur. Mais le système des camps était en faveur à l'époque et il en avait été créé onze. J'ignore si les dix autres ont été habités). — Si les mobiles avaient été laissés un mois dans leurs départements, où l'instruction militaire leur aurait été donnée dans leurs chefs-lieux de canton ou même dans leurs communes, puis dans les chefs-lieux d'arrondissement, et si une fois dégrossis, habitués à se sentir les coudes, à tirer à la cible, à obéir à leurs officiers et sous-officiers, on les avait réunis dans un ou deux camps de concentration à l'approche du danger, une semaine avant d'entrer en campagne, etc ; si tout cela avait été fait, la Bretagne aurait mis en ligne une armée de 40 à 50.000 soldats au moins, aussi bons que les autres. Cette armée, commandée par un général capable, aurait peut-être arrêté l'ennemi aux lignes du Loir. Elle l'aurait à coup sûr arrêté devant le Mans, dont la défense, quoi qu'en ait dit M. de Loverdo, pouvait être facilement organisée et rendue efficace par quelques ouvrages. En réalité, cette ville n'a pas été sérieusement défendue et je suis convaincu que les Allemands n'y seraient pas entrés aussi facilement si le commandement de l'Armée de Bretagne était resté à Kératry. Mais beaucoup de choses nous ont manqué dans cette malheureuse guerre, les généraux surtout, je veux dire les bons généraux.

XII

Je ne sais pas si, en dehors de la commission
d'enquête de 1871, des voix se sont élevées pour
défendre les Bretons, accusés par le général
Chanzy d'avoir causé la débâcle du Mans. Mais
avant de laisser ma plume je veux essayer de ré-
tablir l'exactitude historique altérée dans la dépêche du 12 janvier 1871, reproduite dans le
monde entier. « Nos positions étaient bonnes hier
« au soir, sauf à la Tuilerie, où les mobilisés Bre-
« tons ont, en se débandant, entraîné l'abandon
« des positions occupées sur la rive gauche de
« l'Huisne, où les Bretons ont lâché pied et en-
« traîné la déroute du Mans. »

Comme je l'ai dit plus haut, après notre déroute de Vendôme (déroute à laquelle, pour le
dire en passant, les mobilisés Bretons n'ont pris
aucune part) l'armée allemande s'avança lentement vers l'Ouest, ayant manifestement le Mans
pour objectif.

Du 15 décembre au 11 janvier, le général

Chanzy avait plus de temps qu'il n'en fallait pour réunir son armée devant le Mans et prendre des dispositions défensives sérieuses. Mais il ne songeait, tout en battant en retraite, qu'à traverser les lignes allemandes et à ravitailler Paris.

Cette idée de ravitaillement le hantait encore après la perte du Mans et, quelques jours à peine avant l'amnistie, il proposait au Gouvernement un plan d'attaque par trois armées françaises s'avançant concentriquement vers Paris. Dans cet état d'esprit, l'idée d'organiser la défense d'une place de l'importance du Mans, ne pouvait guère le préoccuper. Ainsi, comme je l'ai dit, il laissa partir pour Besançon les gros canons de la redoute de Conlie et quant aux pièces de plus faible calibre restées dans cette redoute et qui auraient pu être mises très utilement en batterie, en avant du Mans, à Pontlieu notamment, il ne les demanda que beaucoup trop tard. Le colonel Julien, chef de l'artillerie de Conlie, à propos de l'ordre à lui donné d'expédier les dernières pièces du camp pour armer les redoutes construites par ordre du général Chanzy, dit que c'est le 10 janvier seulement qu'il a pu essayer de mettre pioche en glace pour placer les pièces en batterie et qu'il fallut abandonner le travail parce qu'on était en pleine bataille et que le plateau se couvrait de projectiles prussiens.

Le lendemain 12, après midi, toute l'armée française était en retraite et Le Mans occupé par l'ennemi. Le général Chanzy donna l'ordre à la légion Paimbœuf-Saint-Nazaire de s'enfermer dans la redoute de Tennie pour protéger la retraite. Il oubliait qu'il en avait fait enlever les derniers canons et que la redoute n'était plus une redoute.

Le général Gougeard, dont la brochure a été imprimée en juillet 1871, avant l'ouvrage du général Chanzy, le général Gougeard, plein de ménagements et de flatteries pour son chef, n'a pu s'empêcher de critiquer la tactique du général Chanzy.

« On a fait, dit-il (page 57), bien des reproches
« au général, on en fait toujours à ceux qui ne
« réussissent pas, la plupart sont sans fondement
« ni raison. Mais on a dit, avec une apparence de
« vérité, qu'en lançant ses divisions en avant,
« d'une manière un peu décousue, il avait dégarni
« ses positions et perdu les avantages exception-
« nels qu'elles lui offraient ; que si, au lieu de
« courir à l'ennemi par corps détachés, il avait
« maintenu ses troupes dans ses lignes et avait
« fortifié les endroits vulnérables, jamais l'en-
« nemi, quelles que fussent sa valeur et sa supé-
« riorité numérique, ne fût parvenu à nous dé-
« loger.

« L'erreur du général, si elle a existé, a été
« une erreur morale *plutôt que matérielle* ; oui,
« dans l'état de l'armée et en se plaçant à ce
« point de vue tout particulier, il y avait intérêt
« à garder la défensive. Cependant, cette marche
« sur Paris était dans tous les esprits, c'était
« cette idée généreuse, ce mirage lointain, etc. »

Mais il est inutile de reproduire jusqu'au bout
ce passage de plus en plus confus, dans lequel
le brave général Gougeard cherche à dire sur le
général Chanzy des choses qu'il ne pense pas et à
ne pas dire des choses qu'il pense. Il en ressort
seulement , mais nettement que, comme tous ceux
qui ont été en situation de se faire une opinion,
Gougeard estime que nous aurions pu, avec de
meilleures dispositions, résister victorieusement à
l'attaque des Allemands.

Il ne me reste plus qu'à faire connaître le
plus brièvement possible le rôle des mobilisés
Bretons dans cette nouvelle défaite, dont le lecteur
assignera les parts de responsabilité.

Pendant les journées du 9 et du 10 janvier
1871, l'armée allemande, s'avançant en masses
serrées, avait refoulé nos troupes aux abords du
Mans, sur un arc de cercle allant de l'Est au Sud
et se disposait à l'effort décisif qui devait lui livrer
la ville. Le 16, l'ennemi avait tâté nos défenses
des deux principaux passages par Yvré et par

Pontlieu ; du côté d'Yvré il n'avait pas dépassé la ligne du chemin de fer ; du côté de Pontlieu il s'était avancé au-delà de Parigné et peut-être jusqu'à Mulsanne, autant que je pus en juger en revenant de la reconnaissance dont j'ai parlé. Ce même jour il aurait pu, je crois, franchir l'Huisne, soit par Yvré, soit mieux encore à Pontlieu, où la défense n'était pas organisée. Mais il n'avançait que prudemment et sans se grossir.

L'entrée du Mans par Yvré étant moins directe et mieux défendue par les batteries placées sur les hauteurs dominant les ponts et la route, il était à croire que l'ennemi préférerait tenter le passage par Pontlieu, où aboutissent directement à travers une plaine semée de petits bois de pins, plusieurs routes importantes, la route de La Flè-che, la route de Tours par Parigné, la route de Tours par Mulsanne. Ces trois routes convergeant au rond-point de Pontlieu sont suivies d'un grand et beau pont conduisant immédiatement dans la ville et à la gare du chemin de fer. Deux batte-ries avaient été élevées, l'une à droite, l'autre à gauche de la route de Mulsanne, au lieu dit la Tuilerie, à mi-distance du Chemin aux bœufs qui va d'Arnage à Yvré et le lieu appelé les Hunau-dières. Ces deux batteries, bien placées pour battre la route et les bois qui la bordent des deux côtés, étaient armées, l'une de quatre canons de 12 et de deux mitrailleuses, l'autre de deux canons de 12 et de six mitrailleuses.

Mais il fallait de toute nécessité des troupes pour couvrir Pontlieu et les abords de la ville et pour défendre les batteries. Dans ce but, le **général Chanzy** donna l'ordre au général commandant le camp de Conlie de lui envoyer les six derniers bataillons de mobilisés restés au camp. Ces six bataillons, tous de l'Ille-et-Vilaine, étaient : le 2e et le 3e de Rennes, le 1er de Saint-Malo, les 1er, 2e, 3e de Redon-Montfort et formaient un corps de 6.600 hommes.

Quoique depuis longtemps à Conlie, ces troupes n'en étaient ni mieux exercées, ni mieux armées. Les deux bataillons de Rennes avaient reçu des fusils à percussion incapables de faire feu ; ceux de Redon avaient de mauvais spencers et le bataillon de Saint-Malo n'avait rien. Aux bataillons de Rennes on avait dit : Vous aurez des fusils à tir rapide, inutile d'apprendre le maniement du fusil à piston. Les spencers étaient bien à tir rapide, mais d'usage impossible. Dans aucun des bataillons on n'avait appris à charger un fusil.

Le 28 décembre, les bataillons reçurent, à la place de leurs mauvaises armes, des fusils à percussion venus d'Amérique. Mais, sur l'avis du général Lalande, comme dans la brigade du général en chef, on les laissa en caisses, faute de moyens de nettoyage, faute de munitions et aussi à cause de la pluie continuelle qui les aurait rapidement rouillés. On ne les déballa que le 9 janvier, les bataillons étant au Mans. C'étaient des armes de pacotille, sales, rouillées, ayant des défauts de fabrication et d'ajustage, comme cheminées plantées de biais sur le canon, cheminées non forées ou obstruées, ressorts se brisant, baguettes qui ne veulent pas sortir, chiens sans ressort, etc., etc.

Dans de pareilles conditions d'armement et d'incapacité militaire, les mobilisés d'Ille-etVilaine ne pouvaient pas être mis en présence de l'ennemi. Le ministère de la Guerre et le général Chanzy avaient été officiellement et à plusieurs reprises informés de cet état de choses. Cependant, le janvier, le général Chanzy avait envoyé à Conlie un officier d'artillerie s'informer du nombre d'hommes disponibles pour être envoyés en avant. Le général de Vauguion, qui en ce moment commandait le camp, ne lui laissa aucune illusion. Au même moment le général de Marivault, discutant avec le général Chanzy au Mans, lui disait : J'ai des hommes, mais je « n'ai pas de troupes, et je ne dois attendre « aucun service utile des 6.000 mobilisés restant « à Conlie· » A quoi le général Chanzy, insistant, répondait : « Les positions du Mans sont

« défendues par des fortifications passagères,
« il est vrai, mais elles peuvent défier l'ap-
« proche de l'ennemi, et les mobilisés Bretons
« pourront, même avec des armes défectueuses,
« rendre des services utiles· »

Le 7 janvier, le général Chanzy demandait
au commandant de Conlie de lui envoyer au
Mans les 6.600 mobilisés. Sur l'ordre de M. de
Marivault, M. de Vauguion se rendit près du
général Chanzy pour lui répéter que ces mobilisés étaient incapables de tenir devant les Allemands : « J'ai l'expérience de ces choses, dit
« M. de Vauguion, ayant passé dix ans en cam-
« pagne devant l'ennemi. Je vous garantis que
« ces hommes, qui n'ont ni cadres, ni instruc-
« tion militaire, ni armes sérieuses, ne pourront
« pas tenir en rase campagne. Vous le savez
« aussi bien que moi, mon général ! »

Chanzy répondit : « Ce que je veux, c'est
« du nombre, ce sont des hommes pour occuper
« les positions en arrière. »

Cela donna à croire à M. de Vauguion que
la brigade des mobilisés de l'Ille-et-Vilaine serait
placée en arrière du Mans.

Le 8 janvier, sans qu'on ait eu le temps d'examiner les armes, les bataillons partirent à pied,
sous le commandement du général Lalande,
avec deux jours de vivres, mais sans cartouches.

Ils arrivèrent au Mans dans la soirée et furent logés pour la nuit dans les églises.

Le lendemain, le général Lalande réclama les cartouches et signala au chef d'état-major la mauvaise qualité de l'armement et l'incapacité militaire des hommes qui, affirme-t-il, ne pourraient pas résister à une attaque. Aucun compte ne fut tenu de cette déclaration.

Le 9, on distribua des cartouches dont beaucoup étaient trop grosses pour le calibre des fusils. Cette distribution ne put être terminée que le lendemain 10, vers midi.

Quoique le général Chanzy connût l'insuffisance militaire des bataillons de mobilisés qu'il venait de recevoir de Conlie (puisque dans son ouvrage il les représente comme mal armés, sans cadres, sans munitions à leur arrivée au Mans), il leur ordonna de se rendre, non plus en arrière du Mans, mais sur la rive gauche de l'Huisne, en avant du faubourg de Pontlieu et du Chemin aux bœufs. Trois des bataillons furent placés à gauche de la route de Mulsanne jusqu'à la route de Parigné ; les trois autres à droite de cette route. Le centre de ces positions était la maison de la Tuilerie. Toutefois, ce même jour, 10 janvier, le bataillon de Saint-Malo, par ordre du général Deplanque, l'un des divisionnaires du 16e corps, fut envoyé plus en avant, au château des Hunaudières, à trois kilomètres de la Tuilerie.

Il saute aux yeux, quand on regarde la carte, que l'armée du général Chanzy, étant refoulée sur le Mans, le poste confié aux mobilisés de l'Ille-et-Vilaine prenait une importance capitale, puisqu'il couvrait trois grandes routes convergeant en rond-point, et au grand pont de Pontlieu, passage le plus commode et le plus direct pour pénétrer dans la ville.

Mais sur les observations qui lui avaient été faites, le général Chanzy avait formellement promis de ne placer les mobilisés qu'en seconde ligne. Il avait aussi répondu aux réclamations du général Vauguion, chef d'état-major du camp de Conlie, qu'il ne voulait qu'un rideau d'hommes, un simple rideau destiné à faire croire à la présence de troupes, mais non à faire une résistance sérieuse. Lorsque le général de Marivault apprit qu'au lieu d'être placés en seconde ligne, dans des positions en arrière, les mobilisés Bretons allaient être mis en avant et dans un poste qui allait devenir très périlleux, il protesta vivement et déclara d'une manière très ferme au général Chanzy que celui-ci prenait la responsabilité de la vie de ces hommes, qui jamais n'avaient tiré un coup de fusil.

Les journées du 9 et du 10 janvier furent employées par les mobilisés d'Ille-et-Vilaine à établir leur campement, à placer leurs grand'-gardes, à s'initier à la vie du bivouac, à apprendre la charge du fusil, chose difficile, à cause du mauvais état des armes, dont on ne pouvait pas tirer les baguettes, de la grosseur des balles et des cartouches qu'on ne pouvait pas faire entrer et dont beaucoup étaient mouillées, etc... D'unanimes plaintes s'élevèrent contre ce déplorable armement, nouvelle cause de découragement pour ces troupes si novices que l'on plaçait au poste le plus important et le plus dangereux.

Mis d'abord sous les ordres du général Deplanque, commandant la première division du seizième corps, les six bataillons furent ensuite placés directement, avec leur même général de brigade, sous ceux du commandant en chef de ce même corps, le vice-amiral Jauréguiberry. Celui-ci, passant à la Tuilerie, s'entretint quelques instants avec le général Lalande, qui ne manqua pas de renouveler les déclarations déjà faites : « Ces hommes, dit-il, n'ont jamais tiré « un coup de fusil, ils ne savent pas charger « leurs armes, ils n'y ont aucune confiance ; « attaqués, aucun fond à faire sur eux, ils parti- « ront à la débandade, c'est indubitable. » On lui répondit : « Prenez vos précautions pour « vous défendre. »

Cependant, l'ennemi serrait de plus en plus les positions du Mans, repoussant partout les Français. L'action se rapprochait de la droite française où étaient les mobilisés Bretons. Le 11 au matin, le combat s'étendait de plus en plus, et s'échauffait sur la route de Parigné et dans les bois qui la bordent ; à midi, l'engagement était devenu très vif. A ce moment, on rappela le bataillon de Redon qui avait été placé plus en avant et on le réunit aux trois autres, placés à la droite de la Tuilerie.

En faisant exécuter ce mouvement, le colonel Delteil, commandant la légion de Redon, croisa dans le Chemin aux bœufs le général Chanzy, à qui, après avoir rendu compte de l'ordre qu'il exécutait, il dit quelques mots du mauvais armement de ses hommes et du peu de fond qu'il y avait à faire sur eux. Le général en chef répondit : « Vous êtes couvert par le corps du général « de Curten, qui arrive par la route de Mul- « sanne ; ainsi, vous vous trouverez en seconde « ligne ; du reste, tout va bien, nous tenons bon « partout. » Quelques instants après, vers 2 h. ½, il répétait presque dans les mêmes termes au général Lalande : « Je ne pense pas que « vous soyez attaqués, le général de Curten va « venir, faites que vos grand'gardes ne tirent « pas sur ses coureurs. » Mais le général de Curten ne venant pas, il fallait faire un rideau d'hommes pour boucher ce trou, pour dissimuler l'absence de troupes et faire croire que le passage de Pontlieu était gardé.

Le général de Curten commandait la troisième division du 16e corps, mais lancé entre Blois et Vendôme et rappelé trop tard, il avait couché le 10 à Château-du-Loir. Au moment où le général Chanzy annonçait son arrivée devant les mobilisés, il se trouvait au village de Mayet venait, peu après, se heurter au 10e corps de l'armée allemande qui, de la route de Grand-Lucé, se rendait sur celle de Mulsanne pour attaquer la droite française. Au lieu de la division Curten, c'était le 10e corps allemand que les mobilisés Bretons allaient avoir devant eux.

Une partie de ce corps ne dépassa pas Mulsanne, mais une de ses divisions poussa en avant et, à trois heures de l'après-midi, le 11, le commandant des batteries de la Tuilerie, M. Rabatel, vit déboucher sur la route une forte colonne d'infanterie allemande, suivie d'artillerie. Il la laissa avancer de quelques centaines de mètres, puis ouvrit le feu.

Au premier coup, l'infanterie ennemie se jeta dans les champs des deux côtés de la route, l'artillerie en fit autant, puis prit position et commença à répondre aux batteries de la Tuilerie.

Ce combat d'artillerie dura jusqu'à la nuit, c'est-à-dire jusqu'à cinq heures. Les deux batteries de la Tuilerie tirèrent 276 coups.

Les mobilisés d'Ille-et-Vilaine ne se trouvèrent pas d'abord engagés. Deux de leurs bataillons, restés sur la gauche de la route de Mulsanne, distraits momentanément de la brigade Delalande, et annexés à la brigade Isnard de Sainte-Lorette, était chargés de concourir à la défense de la batterie de gauche de la Tuilerie et de celle du Tertre-Rouge. Les quatre autres bataillons, sous le commandement de M. Delalande, avaient à protéger les batteries de droite de la Tuilerie, le bataillon de Saint-Malo en avant, déployé parallèlement à la route de Mulsanne, le 1er bataillon de Redon, massé près du Chemin aux bœufs. les deux autres échelonnés en avant de ce chemin.

Le terrain n'avait pas été préparé pour la défense. On n'avait fait ni abattis d'arbres, ni tranchées, ni épaulements. Seulement, le long du Chemin aux bœufs, en arrière de la Tuilerie, il y avait une légère saillie du sol derrière laquelle on pouvait tirer couché.

Vers 4 h. ½, pendant que l'artillerie allemande continuait le feu contre nos batteries, l'infanterie attaqua les mobilisés. L'ennemi tira quelques coups de canon pour fouiller les sapinières où étaient nos grand'gardes, et presque aussitôt, sortant des bois, il déboucha devant nos tirailleurs. Ceux-ci se replièrent sur leurs bataillons.

A ce moment, les mobilisés d'Ille-et-Vilaine reçurent un petit renfort de troupes régulières : deux compagnies de chasseurs à pied venant du côté de Pontlieu, et trois compagnies d'infanterie de ligne venant d''Arnage, ensemble environ 400 hommes. Quelques sections de la ligne s'avancèrent en tirailleurs vers l'hippodrome, le reste s'établissant derrière les épaulements du Chemin aux bœufs. Séparés des hommes de la ligne par quelques compagnies de mobilisés de Redon, les chasseurs s'établirent sur la gauche de la route de Mulsanne.

Pendant ce temps, le bataillon de Saint-Malo était attaqué par une forte colonne allemande qui cherchait à le couper par le centre.

« A la fusillade ennemie, les mobilisés ré-
« pondirent par quelques coups de feu, plus dan-
« gereux pour leurs camarades que pour l'en-
« nemi. La plupart des fusils ne purent faire
« feu, soit qu'ils avaient été mal chargés, soit
« parce que la poudre était mouillée, soit que
« les batteries ne fonctionnassent pas ou que les
« cheminées ou le tonnerre ne fussent pas forés,
« comme il a été vérifié après. » (Déposition

de M. de Buffé, capitaine adjudant-major du bataillon.) (1).

En présence d'un tel résultat, les efforts des officiers pour continuer la résistance devaient être et furent vains. Le bataillon se retira dans la direction de Pontlieu.

Tout l'effort de l'ennemi se porta alors sur la ligne du Chemin aux bœufs, défendue par le bataillon de Redon.

Les fusils Springfield donnèrent là les mêmes déplorables résultats et cependant, jusqu'à la nuit, tant que les troupes de ligne et les chasseurs restèrent à leur poste, les mobilisés tinrent bon. Mais, vers six heures, leurs munitions étant épuisées, les soldats de la ligne se retirèrent vers Arnage et les chasseurs, après s'être bravement battus jusqu'à leurs dernières cartouches, ne voyant venir ni secours, ni munitions, se jetèrent dans les sapinières de droite et regagnèrent Pontlieu à travers bois.

Malgré les efforts du colonel d'Etteil, une partie des mobilisés partirent avec les chasseurs ; les autres restèrent groupés autour de leurs chefs ; mais l'impossibilité de prolonger la résistance n'étant que trop évidente, ceux-ci se virent obligés

(1) Vérifié le lendemain matin par l'amiral Jauréguiberry et par l'état-major, qui conclurent que le mauvais état des armes rendait impossible l'emploi de ces bataillons, auxquels ordre fut donné de battre en retraite.

de ramener à Pontlieu leurs hommes qui, tous, avaient conservé leurs armes.

Disons aussi qu'aux mauvaises conditions que l'on sait, il faut ajouter le manque de vivres.

Les mobilisés étaient partis de Conlie le 8 au matin avec des vivres pour le 8 et le 9. Le 10 ils n'en avaient pas reçu, et quand le 11, à quatre heures du soir, les voitures arrivèrent, ils étaient en avant de la Tuilerie. N'ayant pu se procurer du pain dans les fermes, beaucoup souffraient de la faim.

La division de Curten n'ayant pas paru, on peut s'étonner que, pendant ce long combat d'artillerie et de mousqueterie, le général en chef n'ait pas envoyé à la Tuilerie une troupe solide qui eut pu arrêter l'ennemi.

Enfin, le général Delalande voyant les batteries sans troupes pour les défendre et ne recevant pas les renforts qu'il avait demandés, voulut au moins sauver les canons. Ils étaient attelés et purent partir à temps. Le commandant des forts, M. Rabatel, après avoir assuré leur départ, sortit de la maison de la Tuilerie sous une grêle de balles allemandes.

Entre huit et neuf heures, presque toute la brigade Delalande était réunie sur la place de Pontlieu, où l'on passa la nuit, les pieds dans la neige.

Quelques compagnies de la légion de Redon n'ayant pas eu connaissance du mouvement général de retraite, étaient restées dans les sapinières du Chemin aux bœufs. Après avoir rallié ces compagnies, formant 800 hommes, le colonel d'Etteil se porta vers la Tuilerie. Elle était déjà occupée par les Allemands et un lieutenant qu'il avait envoyé en reconnaissance y était tombé, avec quelques hommes, entre les mains de l'ennemi.

Se voyant coupé de Pontlieu, le colonel conduisit ses hommes à Arnage par le Chemin aux bœufs. Le lendemain matin, en contournant le Mans par les faubourgs, il eut plusieurs hommes blessés par la mousqueterie allemande qui occupait la gare des marchandises. Il alla coucher à six kilomètres en arrière du Mans, et le 14, rallia avec tout son monde, à Evron, la brigade d'Ille-et-Vilaine, qui se trouvait là presque entière et qui, au milieu de cette masse de fuyards, se distinguait par un certain ordre.

Les mobilisés de cette brigade, dont on avait fait les boucs émissaires de la débâcle du Mans, avaient leur général, leurs officiers, leurs sacs, leurs fusils au milieu de 20.000 hommes de toutes armes qui n'avaient plus ni sacs ni fusils. On ne pouvait pas, sans injustice, accuser ces hommes, rangés en compagnies et en bataillons, d'avoir jeté le désordre dans l'armée.

Cependant, outre les dépêches accusatrices citées plus haut, M. le général Chanzy a imprimé et réimprimé dans son ouvrage que « le « général Delalande, placé par l'amiral au pla- « teau de la Tuilerie, avec les mobilisés de Bre- « tagne et de l'artillerie, avait évacué spontané- « ment, à la nuit, cette magnifique position, sans « la défendre, et devant des forces très infé- « rieures. Les mobiles d'Ille-et-Vilaine avaient « fui au premier obus, l'ennemi s'était installé « à la Tuilerie sans coup férir, au moment, « ajoute-t-il dans un ordre du jour élogieux au « 21e corps, au moment où nous avions les meil- « leures chances de battre l'ennemi. »

Les assertions émises par M. le général Chanzy sont inexactes, ainsi que l'a prouvé l'enquête parlementaire. Ce n'est pas l'amiral Jauréguiberry, en ce moment absent, c'est le général Chanzy lui-même qui mit la brigade Delalande à la Tuilerie (1). Le général Delalande n'avait que quatre bataillons sous ses ordres quand il fut attaqué par une division tout entière. Il ne céda donc que devant des forces très supérieures et

(1) Dans les instructions du général Chanzy, du 10 janvier, on lit les dispositions suivantes : 1° en avant de Pontlieu, les hauteurs qui vont d'Arnage jusqu'au dessus de la gare d'Yvré et que borde le Chemin aux bœufs : la défense en sera assurée entre la Sarthe et la route de Tours, par les troupes de Bretagne, aux ordres du général Delalande, etc.

auxquelles il lui était absolument impossible de résister. Et l'on ne peut pas dire que les mobilisés s'enfuirent au premier obus, puisqu'il y a eu combat d'artillerie de plus de deux heures et qu'enfin, les mobilisés, attaqués par l'infanterie allemande à quatre heures, n'abandonnèrent la position qu'à six heures avec le détachement des troupes de ligne et sans entraîner personne. Ils se replièrent, non devant des forces très inférieures, mais devant des forces dix ou quinze fois supérieures. Ces troupes, en somme, se comportèrent bien mieux qu'on ne l'avait prévu. D'ailleurs, le général Chanzy lui-même ne les avait placées là que comme « rideau », c'est-à-dire comme une ligne de mannequins ; il n'était donc pas fondé à leur reprocher leur peu de solidité.

Pendant que la brigade d'Ille-et-Vilaine prenait une part si malheureuse à la bataille du Mans, une autre troupe détachée de l'Armée de Bretagne se faisait remarquer par sa bravoure.. C'était une partie de la division de marche commandée par le général Gougeard qui reprenait sur l'ennemi le plateau d'Auvours, d'où les Allemands nous avaient chassés le matin. Dans cette troupe valeureuse qui a exécuté le seul beau fait d'armes de la bataille, on voyait en tête les zouaves pontificaux, puis un bataillon d'infanterie, un bataillon de mobilisés de Nantes, *un bataillon de mobilisés de Rennes, « troupe solide*

« *et qui m'inspirait toute confiance,* dit Gou-
« geard ; un bataillon de chasseurs qui était
« resté sur les pentes du plateau et qui nous fut
« d'un précieux soutien, etc. » On voit que les
mobilisés de Rennes, armés et bien conduits, pouvaient rendre de sérieux services.

Mais leurs camarades de la Tuilerie ont lâché
pied ! Soit ! mais à qui la faute ?

Elle ne saurait être rejetée sans injustice sur
les seuls mobilisés, comme l'a fait l'auteur de la
dépêche du 12 janvier. Sans aucun moyen de
défense, ils trouvèrent inutile de se faire tuer ;
qui pourrait les blâmer ?

La Commission parlementaire d'enquête de
1871, qui a consulté tous les documents publiés
à l'époque et recueilli les témoignages et les déposition des acteurs et des témoins des événements
du 11 janvier, a fait, avec autant de justesse que
de modération, les parts dans la responsabilité de
notre défaite.

En ce qui concerne l'affaire de la Tuilerie,
son rapport, dont les pages qui précèdent ne
sont que le résumé, établit nettement que c'est
le général Chanzy qui a placé au poste le plus
important de tous, en première et en seule ligne,
pour faire « rideau » ces malheureux mobilisés
d'Ille-et-Vilaine dont on lui avait dit et répété
dix fois qu'ils ne savaient pas tirer un coup de

fusil et qu'ils ne tiendraient pas un instant devant l'ennemi.

Le général Chanzy n'avait pas prévu qu'une attaque aurait lieu par le passage principal. Il n'avait pris là que d'insignifiants moyens de défense.

Le général Chanzy n'avait pas l'envergure d'un chef d'armée. La faiblesse des dispositions prises par lui pour la défense du Mans, sa tactique du « rideau » contre l'attaque principale le montrent assez.

La grande réputation de ce général, à qui on a élevé des statues, lui a été faite par des journaux qui, ne pouvant pas célébrer ses victoires, ont vanté ses défaites et glorifié ses retraites, conduites, d'après eux, admirablement et avec une « habileté infernale ».

Mais il faut ajouter aussi que la responsabilité de notre défaite du Mans retombe d'abord sur ceux qui, par une injuste défiance, ont refusé des armes aux mobilisés Bretons qu'ils retenaient à Conlie, sans leur donner la possibilité d'acquérir les premières notions de l'instruction militaire, puis qui, au dernier moment, ont mis entre les mains de ceux qu'ils envoyaient au feu, des armes dont la plupart étaient inutilisables.

C'est la part de responsabilité qui incombe

au ministère de la Guerre, je ne dis pas du ministre Gambetta, grand esprit et grand cœur, mais de ses bureaux et de son entourage.

R. GESTIN.

Mars 1908.

APPENDICE

Documents fournis par le manuscrit

de M. ROBERT

Ancien Sergent de l'Armée de Bretagne

APPENDICE

—

Nous extrayons de l'intéressant manuscrit du sergent Robert, Président de la 4ᵉ section des vétérans de 1870 : Les Etapes du 1ᵉʳ Bataillon des Mobilisés de Brest, *les documents suivants que nous sommes heureux de pouvoir mettre sous les yeux des lecteurs :*

M. le colonel Royer, nommé aux élections faites à la salle de la Bourse, avait sous ses ordres quatre bataillons :

Le 1ᵉʳ, commandé par M. Merle, de Brest.

Le 2ᵉ, commandé par M. Marx, de Lannilis.

Le 3ᵉ, commandé par M. Quénot, de Lesneven.

Le 4ᵉ, commandé par M. Colas, de Landerneau.

M. Royer donna sa démission de chef de légion à Conlie. Il fut remplacé par M. Colas.

L'effectif du 1ᵉʳ bataillon fut formé par les contingents des localités ci-après :

Brest (3 compagnies), 500 hommes.

Recouvrance et Saint-Pierre, 210 hommes.

Lambézellec, 216 hommes.

Saint-Marc, Guesnou, Plabennec, 107 hommes.

Saint-Renan et environs, 124 hommes.

Plouzané, Conquet, Bohars, etc., 212 hommes.

Au total 1.369 hommes qui donnèrent au bataillon 10 compagnies, dont les chefs furent :

1re compagnie : M. Thomasset.

2e compagnie : M. Esnault.

3e compagnie : M. Yves.

4e compagnie : M. Vieil.

5e compagnie : M. Godefroy.

6e compagnie : M. Magnier.

7e compagnie : M. Le Blanc.

8e companie : M. Michel.

9e compagnie : M. Daban.

10e compagnie : M. Le Bian.

Par la suite, des mutations eurent lieu : M. Huau remplaça M. Esnault à Conlie le 21 novembre. — A la même date, M. Lesser remplaça M. Yves ; M. Monsire remplaça M. Vieil qui devint capitaine-adjudant major du bataillon, en remplacement de M. Mondémé, appelé à d'autres fonctions au quartier général, à Conlie.

M. le docteur Anner était notre médecin-major.

Et, pour tout dire, la bonne vieille Suzanne était la cantinière du bataillon. Elle est aujourd'hui à l'Asile des Vieillards ; elle a fait toutes les étapes et fut du petit nombre de ceux qui revinrent le 7 mars 1871.

On est parti 1 369, on est revenu 627.

Liste nominative de l'effectif de la 2e compagnie

Je ne donne pas cette liste comme complète et sans erreur ; je l'ai dressée de mémoire, sans avoir pu trouver de documents pour me permettre plus d'exactitude.

La première convocation en masse eut lieu dans la deuxième cour des Pupilles, le dimanche 22 octobre ; le 24, salle des Marchands, pour la 2e compagnie ; le 27, salle Montlouet, réunions dans lesquelles furent nommés officiers, sous-officiers et caporaux, dont les noms suivent :

Officiers

Guesno, capitaine, décédé en 1890.
Esnault, lieutenant, décédé en 1884.
Huau, sous-lieutenant.

Gallet, sous-lieutenant, décédé à l'Hôtel-Dieu de Paris en 1876.

Pouyade, sous-lieutenant, décédé à Brest en 1875.

Sous-officiers (1)

Clérec, sergent-major, nommé capitaine, après les élections de la 2e, dans une compagnie du 3e bataillon.

D'Assigny, sergent.

Baulet, sergent.

Gadreau, sergent.

Huet, sergent vaguemestre.

Kerros, sergent.

Le Corre, sergent, décédé à Brest en 1888.

Le Pape, sergent, décédé en 1871.

Le Motheu, sergent, décédé en 1875.

Le Pape, sergent, décédé en 1871.

Le Poix, sergent, décédé en 1877.

Mauget, sergent.

Soing, sergent.

Bozec, sergent.

Caporaux (1)

Angibaud, E., décédé en 1876.

Angibaud, L., décédé le 5 août 1892.

Lecomte, décédé en mars 1904.

(1) Nommés à l'élection.

Le Donné, décédé en 1874.
Le Guerré, décédé en 1872. (?)
Liscoat.
Mathieu.
Meinten.
Noyer, décédé en 1871.
Onfroy, décédé notaire à Brest en 1874.
Robert, E.
Robert, F.

Caporaux nommés au cours de la campagne

Adelus, décédé en 1903.
Cave, élève commissaire, engagé volontaire.
Dugas.
Guesno de Mussy, décédé le 27 juin 1906.
Isaac.
Rahier.

Gardes=mobilisés

Abgrall, décédé en 1877.
Allégot, tué à Droué le 17 décembre 1870.
Allègre.
Angerin.
Asselineau, décédé en 1879.
Aubry.
Bacard, décédé en 1877.
Balcam.
Barvec.

Bernard.

Berthou.

Blandard.

Boédec.

Boisson, décédé en 1887.

Bossard, Yves, décédé en 1887.

Bougeard.

Bouly.

Bricon, décédé en 1887.

Beculé, tué à Droué.

Caresmel.

Caradec.

Desbatz, engagé volontaire, décédé en 1875.

Duloa.

Elie, décédé en 1880.

Fouillard.

Guesguen, s'engagea dans la compagnie des pontonniers de Le Jeune.

Jézégou.

Jézéquel, s'engagea dans la compagnie des pontonniers de Le Jeune.

Keisser, décédé en 1876.

Kuchner, engagé volontaire.

Le Bian.

Le Bras, passa caporal fourrier à la 1re du 2e.

Le Breton, décédé en 1876.

Le Doux, clairon.

Le Gay.

Le Guen.

Le Hir.

Le Menn, décédé en 1873.

Le Noan.

Le Roux, décédé.

Liolay.

Manceau.

Mandire, décédé.

Mazé, décédé à l'hospice en 1885.

Morice.

Menou.

Miral, noyé en Seine en 1878. Il avait 19 ans
en 1870.

Morozo.

Ollivier, décédé en 1873.

Otto, décédé en 1890.

Péron, décédé en 1884.

Pelenner, décédé en 1884.

Prédour, surnommé « Le Bataillon d'Afrique ».
Guéguiner.

Quidéleur, décédé à Conlie en 1870.

Raimond, habitait Conlie en novembre 1870. Il
s'engagea au camp.

Robin, décédé.

Rojars.

Rivière.

Runavot.

Salaun.

'Tronquet.

'Turel.

Vauche.

L'effectif de la compagnie était, au départ de Brest, le 4 novembre 1870, à l'appel nominal des hommes, dans la cour de la caserne de Recouvrance, de 127.

20 ont changé de compagnie pour l'obtention de grades supérieurs, ou ont été détachés pour divers emplois au quartier général, à Conlie, aux magasins d'habillements, de la manutention, etc.

12 ont disparu au cours de la campagne.

11 ont été réformés, à Conlie, à Yvré ou dans les marches.

4 tués ou décédés.

Soit 47 hommes en moins au retour, le 7 mars 1871.

TABLE DES MATIÈRES

ACHEVÉ D'IMPRIMER

le quatre Décembre mil neuf cent huit

par

l'Imprimerie Commerciale de la DÉPÊCHE DE BREST

Pour M. L. LE BORGNE

Libraire-Editeur

BREST

L. Le Borgne,
Libraire-Edi-
teur - Brest

PARIS. — TYP. WALDER, RUE BONAPARTE, 44.

SCRIBE

LES CONTEMPORAINS

SCRIBE

-PAR

EUGÈNE DE MIRECOURT

PARIS

GUSTAVE HAVARD, ÉDITEUR

15, RUE GUÉNÉGAUD, 15

1855

AVANT-PROPOS.

—

La tâche que nous nous sommes impo-
sée n'est pas sans péril. De toutes parts
nous arrivent les provocations et les menaces.

Un aimable patriote nous écrit, et ter-
mine sa lettre en dessinant au bas une
guillotine avec un poignard : il nous laisse
généréusement le choix entre les deux
genres de mort.

Un autre nous annonce un coup d'épée.

Un troisième veut nous envoyer une balle
dans le crâne.

Un quatrième, moins sanguinaire, nous prévient qu'il écrira très-prochainement notre biographie.

A la bonne heure! Vis-à-vis de nous la plume est une arme courtoise. Nous engageons le spirituel homme de lettres qui nous juge digne de cette gloire à ne pas accepter ses renseignements à la légère.

M. Émile de Girardin, par exemple, lui dirait que nous sommes né en 1806 et que nous avons QUARANTE-HUIT ANS [1].

Pour le coup, seigneur Girardin, ceci est une déloyauté notoire. Ne pouviez-vous trouver quelque vengeance moins perfide? Quarante-huit ans, miséricorde! quand vous en avez cinquante-trois? Nous sommes loin d'approcher ainsi de votre acte de naissance.

[1] Voir les insertions judiciaires faites dans la *Presse*, le *Siècle* et le *Constitutionnel*.

Otez-nous deux bons lustres, s'il vous
plaît.

Vous avez voulu nous donner vos cheveux gris et vos rides pour nous déshono-
rer aux yeux de nos lectrices. Gardez tout
cela, seigneur ! gardez vos cinquante trois
ans et vos vertus. Le chiffre de ces dernières dépasse évidemment celui de votre
âge, et la France n'apprendra pas sans
chagrin qu'un homme aussi recomman-
dable approche de la vieillesse.

Elle ne se consolera qu'en écrivant sur
votre tombe :

« Ci-gît le plus parfait modèle de probité politique, le père de l'industrialisme
honnête. Tous les partis conservent un
précieux lambeau de son histoire, et la
Bourse le pleure. »

Nous l'avouons avec franchise, les menaces de guillotine et de poignard nous ont beaucoup moins ému que cette plaisanterie de M. de Girardin.

Tuez-nous, morbleu ! mais ne nous vieillissez pas !

Après nous il restera des écrivains énergiques pour achever notre œuvre.

Les menaces ne réussissent qu'à nous décider de plus en plus à dire la vérité à notre siècle. On n'intimide que les hommes sans conscience et sans cœur.

Sur ce, que M. Scribe nous pardonne d'avoir dérobé quelques lignes à sa biographie. Nos adversaires ont tous les journaux pour l'attaque, et nous n'avons que nos petits livres pour la défense.

EUGÈNE DE MIRECOURT.

SCRIBE

A la fin du siècle dernier, dans la rue Saint-Denis, un peu plus bas que le marché des Innocents, était un modeste magasin de nouveautés, portant pour enseigne : *Au Chat noir*.

Ce fut là que naquit, le 25 décembre 1791, Augustin-Eugène Scribe, le plus fécond des vaudevillistes passés, présents et futurs.

Aujourd'hui la maison qui l'a vu naître existe encore. Elle fait le coin de la rue de la Reynie. Seulement le magasin de nouveautés a disparu, et le *Chat noir*, ou plutôt les *Chats noirs*, car il y en a deux magnifiques sculptés à la hauteur du premier étage, servent d'enseigne à un confiseur.

Scribe était encore au berceau lorsque son père mourut.

Madame Scribe vendit le fonds de commerce, réalisa sa fortune et vint se loger dans les environs de l'église Saint-Roch, où son fils, à peine âgé de quatre ans, dit M. de Loménie, « put voir, caché dans le giron de sa mère, la terrible mitraillade que Bonaparte, général des troupes de la Convention, administra aux sections de Paris, mitraillade d'où sortit l'Empire[1]. »

Notre illustre vaudevilliste a fait ses études au collége Sainte-Barbe.

Il suivait les classes du lycée Napoléon[2], et, trois années de suite, il fut couronné au grand concours des quatre colléges.

Scribe eut à Sainte-Barbe pour camarades intimes Casimir et Germain Delavigne, qui depuis sont constamment restés ses amis les plus chers.

Il y a chez les anciens barbistes une

[1] *Galerie des contemporains illustres*, par un homme de rien, art. Scribe, p. 12.

2 Ancien collége Henri IV. — « Sainte Barbe, dit M. Scribe lui-même dans une de ses nouvelles, intitulée *Maurice*, était une sorte d'État constitutionnel placé entre deux gouvernements absolus, Henri IV et Louis-le-Grand. »

confraternité véritable, une sorte de franc-
maçonnerie qui les porte à s'entr'aider
mutuellement et à se donner le coup d'é-
paule quand il s'agit d'un obstacle à
vaincre, d'une lutte à soutenir. Tous les
ans, au 4 décembre, jour de la Sainte-
Barbe, ils se réunissent chez Lemardelay
dans un banquet tumultueux, où les souvenirs de collége se réveillent au cliquetis
des verres et aux détonations du cham-
pagne.

Un jour, les propriétaires de Sainte-
Barbe se décident à mettre l'établissement
en actions [1].

Nos anciens élèves apprennent la nou-

----

[1] Il s'agissait de trouver six cent mille francs pour
reconstruire les bâtiments du collége qui menaçaient
ruine.

velle, se réunissent dans un banquet ex-
traordinaire et soumissionnent toutes les
listes, entre la poire et le fromage.

Déjà riche à cette époque, Scribe sous-
crivit pour soixante-dix mille francs de ces
actions. Il est aujourd'hui l'un des principaux administrateurs du collége.

On nous raconte qu'il a donné des ordres
vigoureux pour exclure de la cuisine certain
plat de haricots à l'huile, traditionnelle-
ment servis en carême, et dont son esto-
mac gardait piteuse mémoire.

Cette réforme lui a conquis trois géné-
rations d'élèves.

Prononcez le nom de M. Scribe à Sainte-
Barbe, tous les échos le répètent avec enthousiasme. On a parlé de lui élever une
statue en plein réfectoire.

Mais nous anticipons sur l'ordre des faits et sur l'ordre des dates.

L'ancienne marchande de nouveautés, fière des succès de son fils, avait décidé qu'il serait avocat. Depuis soixante ans, la bourgeoisie pousse au barreau tous les collégiens triomphateurs; elle encombre le sanctuaire de Thémis de sa progéniture. Quand la foule est trop nombreuse, les plus adroits sortent des rangs, relèvent leur robe et sautent du palais de Justice au palais Bourbon. L'avocat devient député, le député devient ministre.

Madame Scribe toutefois ne vécut pas assez longtemps pour entretenir son fils dans ces louables et fécondes traditions de l'envahissement du tiers état.

Elle voyait avec chagrin que le jeune

homme, au sortir de ses classes, manifestait des goûts peu judiciaires: Barthole n'avait aucun attrait pour lui, Cujas lui donnait des vapeurs. Il se risqua néanmoins à travailler chez un avoué, dont il gâcha tous les actes de procédure et qui finit par remercier son clerc en lui offrant un brevet absolu d'incapacité.

Madame Scribe mourut sur les entrefaites.

Son fils, guidé par un sentiment de déférence et de piété filiale, avait paru suivre jusqu'à ce jour l'impulsion qui lui était donnée ; mais il ne témoigna pas les mêmes égards à M. Bonnet [1], qu'on avait

----

[1] L'un des avocats les plus distingués d'alors, le même qui a défendu Moreau, compromis dans l'affaire de Georges Cadoudal.

chargé de la tutelle. Il leva contre lui le drapeau de la révolte.

« Pour aller à l'école de Droit, dit le biographe que nous avons déjà cité, il prenait assez régulièrement par la vallée de Montmorency, où il s'égarait, — et pas seul. »

Il revenait, le soir, assister aux représentations du théâtre de la rue de Chartres, où l'attendait Germain Delavigne, son camarade de Sainte-Barbe, avec lequel, sur les bancs du collége, il avait essayé déjà de confectionner deux ou trois pièces.

Un des auteurs de *flonflons* les plus en vogue de l'époque était M. Dupin (ne pas confondre avec son cousin, l'ex-président de l'Assemblée nationale). Nos jeunes amis professaient pour le vaudevilliste une admiration naïve. Ils le prièrent d'examiner leurs essais dramatiques.

— Ce n'est pas trop mal, dit M. Dupin. Un peu d'inexpérience, trop de berquinades ; mais de l'agencement, du trait, de jolis couplets. Travaillez ! Je vous donnerai des conseils, tout ira pour le mieux.

Scribe et Germain Delavigne débutèrent au théâtre sous la direction de ce grand maître.

Le 2 septembre 1811, une première pièce de nos barbistes fut jouée sur la scène du Vaudeville. Le public ne l'accueillit point avec faveur. Elle avait pour titre les *Dervis*[1].

— Bah ! fit M. Dupin, travaillez tou-

---

[1] C'était une arlequinade.

jours ; il faut s'habituer au feu. J'en ai vu bien d'autres !

Les jeunes gens se remirent à l'ouvrage ; mais trois autres pièces eurent le même sort. Non content de siffler, le parterre eut parfois l'indélicatesse de recourir aux projectiles, et l'acteur qui jouait le rôle de Sancho, dans l'*Ile de Barataria*, reçut une pomme cuite sur l'œil gauche.

— C'est le théâtre qui vous porte malheur, dit M. Dupin aux amis. Quittez le Vaudeville. Je vous offre ma collaboration pour entrer aux Variétés. Avez-vous un sujet ?

— Oui, répondit Scribe.

— Quel titre ?

— Le *Bachelier de Salamanque.*

— Délicieux ! apportez-moi cela.

Nos barbistes, en travaillant avec le maître, se croyaient, cette fois, bien assurés du succès. Hélas ! le parterre des Variétés fut aussi injuste que le parterre du Vaudeville. Le talent de M. Dupin ne put conjurer l'orage.

— Ah ! s'écria-t-il, voilà qui est fort ! Un de vous est né sous une étoile fatale.

— C'est moi probablement, dit avec modestie Germain Delavigne. Je me retire.

Il laissa travailler seuls MM. Dupin et Scribe.

Ceux-ci retournèrent au Vaudeville. Un nouvel enfant, *Barbanera* ou les *Bossus*, fut présenté au baptême de la rampe, et le public impitoyable l'étouffa dans son berceau [1].

[1] A la même époque, Scribe fit jouer un opéra co-

—Décidément, c'est vous qui me portez guignon, dit Dupin à Scribe. Bonsoir !

Tout autre, à la place du jeune auteur, eût été saisi de découragement.

« Mais, dit Louis Huart, dans sa *Galerie de la presse*, il redoubla de zèle et de travail. De même que les Prussiens et les Russes apprenaient la guerre en se faisant battre par les grenadiers de Napoléon, de même Eugène Scribe, à force de se faire battre par le public, apprit aussi comment on pouvait remporter des victoires. Une fois maître de ce précieux secret, il a su le garder et en faire bon usage. »

Le jeune vaudevilliste eut un premier succès dans l'*Auberge* ou les *Brigands*

mique en trois actes, la *Redingote et la Perruque*, musique de Guénée. Cet opéra eut une chute complète.

sans le savoir. Son collaborateur pour cette œuvre était M. Delestre-Poirson. Scribe lui dit un jour :

— Je sais pourquoi mes premières pièces sont tombées.

— Oh! oh! bonne affaire! pourquoi? demanda Poirson.

— Parce que je restais dans les sentiers battus; je copiais les vieux faiseurs, dont je n'ai acquis ni la routine, ni les ficelles. Il faut chasser du vaudeville les rôles banals comme Picard les a chassés de la comédie [1]. En un mot, je veux suivre l'exem-

---

[1] Picard est le premier qui ait exilé du théâtre les Frontin, les Sganarelle et les Valère. C'est lui qui a donné le signal de la renaissance dramatique dans les *Marionnettes*, les *Ricochets*, *Monsieur Musard*, *Médiocre et rampant*, et la *Petite Ville*, cinq chefs-d'œuvre d'originalité. M. Scribe a imprimé le nouveau mouvement littéraire au théâtre de la rue de Chartres.

ple de Molière, et tâcher de peindre les mœurs de notre époque.

— Bravo ! c'est une idée ! fit Poirson.

Scribe continua :

— Nous aurons d'abord à mettre en scène les généraux et les colonels de l'Empire. Du militaire nous passerons au civil, et nous descendrons, s'il le faut, jusqu'à la boutique. Notaires, avoués, bourgeois, courtauds de magasin, tout cela doit être de notre ressort.

— Et les gardes nationaux ! quels bons types ! s'écria Poirson.

— Je n'y songeais pas, dit Scribe. Commençons par eux !

— Très-volontiers.

Séance tenante, ils rédigèrent le plan de cette comédie-vaudeville en un acte qui a pour titre : *Une Nuit de la garde nationale*[1]. Elle obtint un succès éclatant. Scribe était désensorcelé.

Le jour où il commença la pièce, il mit pour condition que Germain Delavigne arriverait en tiers comme collaborateur ; mais celui-ci refusa.

— Je n'ai, dit-il à son ami de collége, ni ta persistance ni ton courage. Travaille sans moi.

— Diable ! murmura Scribe, et les couplets ? Je me défie des miens. Quant à Poirson, j'ai peur qu'il n'y entende goutte.

____

[1] Craignant que le rôle de *M. Pigeon* n'offusquât les bisets, alors très-nombreux à Paris, les auteurs intitulèrent la pièce le premier jour : *Une Nuit de corps de garde*. Le lendemain, ils lui rendirent son véritable titre.

— Casimir et moi nous te les ferons.

— Alors, sois de la pièce.

— Non, j'ai assez du théâtre[1]. Tu aurais, du reste, grand tort d'avoir des scrupules. Il y a toujours ici un magasin de rimes à ton service. Exploite-le sans gêne.

Scribe ne se fit pas répéter deux fois l'invitation.

Casimir et Germain Delavigne lui vinrent très-généreusement en aide pour la facture des couplets de la *Garde nationale*. Ainsi les vers suivants, arrangés sur la *Valse du Havre*, sont dus à la muse qui a dicté le drame de *Louis XI*.

[1] Il ne reprit que six ans plus tard sa collaboration avec Scribe, dans le *Colonel* et dans le *Mariage enfantin*, deux comédies-vaudevilles joués au Gymnase.

Je pars
Déjà de toutes parts,
La nuit sur nos remparts
Jette une ombre
Plus sombre.

Chez vous,
Dormez, époux jaloux,
Dormez, tuteurs, pour vous
La patrouille
Se mouille.

Au bal
Court un original
Qui d'un faux pas fatal
Redoutant l'infortune,
Marche d'un air contraint,
S'éclabousse et se plaint
D'un réverbère éteint
Qui comptait sur la lune.

Nous ne citerons pas le reste. Il y a cinquante autres vers de la même vivacité et de la même coupe.

Scribe rendit avec usure ce qu'on lui avait prêté de ce côté-là.

Jamais Casimir Delavigne ne faisait le plan d'une pièce sans consulter le vaudevilliste, dont l'habileté en matière de charpente lui était connue. Livré à lui-même, le père des *Enfants d'Édouard* n'aurait pas eu cette science d'agencement à laquelle, sans conteste, il doit la meilleure part des succès obtenus à la Comédie-Française.

Ici nous ferons une courte pause pour définir le talent de M. Scribe.

Établissons d'abord que ce talent est incontestable, immense. Jamais auteur n'a obtenu des succès aussi universels ; jamais ovations plus éclatantes n'ont été décernées à un homme, sous les feux du lustre, en présence d'une foule enthousiaste.

Pourtant M. Scribe n'est pas littéraire.

Mais il a un mérite énorme, celui de la charpente. Il construit d'une main ferme son édifice dramatique et sait joindre avec un art merveilleux toutes les parties qui le consolident.

En vain la critique hausse les épaules, en vain elle jette avec mépris et du bout des lèvres ce mot *charpente,* qu'elle voudrait métamorphoser en injure.

La charpente, au théâtre, c'est la création, c'est la vie.

Avant tout, il est nécessaire qu'un enfant marche et ne soit point estropié.

Qu'on l'habille ensuite avec ou sans élégance, il n'en a pas moins tous ses membres ; il se tient debout et respire sous les haillons comme sous la pourpre.

Conclusion : la charpente se passe du

style, et le style ne se passera jamais de la charpente.

Le secret des triomphes de M. Scribe est là.

Cette qualité, la plus sérieuse de toutes et la plus essentielle quand il s'agit de faire vivre une œuvre théâtrale, il la possède au suprême degré. Ses pièces, en dépit des nombreux défauts qu'elles peuvent avoir, jouissent d'une constitution robuste. Elles fournissent leur carrière, et rarement on les voit trébucher devant le public.

Après le succès de la *Garde nationale*, notre vaudevilliste marche de triomphes en triomphes. *Flore et Zéphire*, la *Jarretière de la Mariée*, le *Comte Ory*, le *Nouveau Pourceaugnac*, le *Solliciteur*, la *Fête du Mari*, l'*Hôtel des Quatre-Na-tions*, *Une Visite à Bedlam*, la *Somnam-bule*, les *Deux Précepteurs*, et vingt au-tres pièces sont jouées tour à tour aux Va-riétés et au Vaudeville.

La mine est en pleine exploitation.

Chargés de manuscrits de toutes sortes, les collaborateurs prennent le chemin de la rue du Sentier, où demeure l'heureux M. Scribe. Ils font antichambre chez lui comme chez un prince.

Mais l'entrée du cabinet du vaudevil-liste ressemble à celle du royaume des cieux : il y a beaucoup d'appelés et peu d'élus.

Dupin et Delestre-Poirson tiennent au-tant que possible la porte close.

Ils ne permettent qu'à Brazier, Car-

mouche, Mélesville et Saintine [1] de pénétrer dans le sanctuaire et de partager
le filon d'or.

Scribe devient un véritable entrepre-
neur dramatique. Il organise sur une
échelle immense un commerce de vaudevilles et d'opéras-comiques, ayant soin
que la fourniture ne manque à aucun
théâtre et soit livrée à l'heure.

C'est un autre magasin du *Chat noir*.
Seulement au lieu d'y vendre de l'in-
dienne et de la mousseline, on y débite
des actes et des couplets, le tout au plus
juste prix.

Dès le début, Scribe se montre de la

[1] L'auteur de *Picciola* a fait plusieurs pièces avec
Scribe. Voici le titre des principales : le *Témoin*,
l'*Ours et le Pacha*, et le *Duc d'Olonne*.

force de Beaumarchais pour le talent et pour le calcul. Comme l'auteur du *Mariage de Figaro*, il exige qu'on le paye sur la recette [1], trouvant parfaitement ridicule d'enrichir les autres en restant pauvre.

Le nouveau mode de perception des droits commence en avril 1817, après le succès du *Solliciteur* aux Variétés. Presque aussitôt la commission dramatique se fonde, un contrôle sérieux s'établit, les auteurs se liguent contre les directeurs ;

[1] Les directions achetaient pour une somme souvent très-minime les pièces aux auteurs. Cette somme une fois payée, ils n'avaient plus rien à prétendre, succès ou non. Les Désaugiers, les Moreau, les Brazier, touchaient 50 fr., 25 fr., et même 18 fr. pour un acte. Le Théâtre-Français et le théâtre du Vaudeville payaient seuls un droit progressif.

ils voient le Pactole changer de cours et se jeter dans leur caisse.

C'est à M. Scribe qu'on doit ce détournement du fleuve.

En défendant ses intérêts, il défend ceux de ses confrères et maintient la réforme avec l'autorité que lui donne le succès. Messieurs les directeurs de théâtre rendent enfin à César ce qui appartient à César.

Le champ littéraire est en coupe réglée.

Chaque jour la moisson devient plus abondante, et les meilleures gerbes s'entassent dans les greniers de M. Scribe. Rarement agriculteur sut mieux retourner la glèbe et faire produire double récolte aux sillons.

Tout ceci se passait en 1820.

Notre vaudevilliste approchait de sa trentième année.

Il habitait, à cette époque, avec un ami intime, employé dans un ministère, et dont il avait fait, en quelque sorte, l'organisateur de ses succès.

Cet ami se nommait Fournier. Quelquefois il travaillait aux vaudevilles, brochait un dialogue ou aiguisait une pointe ; mais en cela ne consistait pas sa besogne essentielle. Il courait les foyers de théâtre, s'appliquait à reconnaître les impressions diverses du public, chauffait adroitement l'enthousiasme dans les groupes, essayait de fléchir les rigueurs de la critique et se donnait une peine incroyable pour faire passer son ami à l'état de grand homme.

Scribe lui a dû souvent quelques sifflets

de moins et nombre de bravos de plus.

Le jour des premières représentations, Fournier distribuait des coupons et des stalles à quarante ou soixante amis, se plaçait au centre de l'orchestre avec cette cohorte dévouée, et formait de la sorte une claque amicale, contre laquelle le public n'était pas en défiance, et dont les salves gantées entraînaient toujours les applaudissements des galeries et des loges.

Sauton, le Porcher de l'époque, se croisait les bras dans le plus doux des loisirs.

Cependant un nouveau théâtre préparait son ouverture. MM. Delestre-Poirson et Cerfbeer, maîtres du privilége, eurent soin tout d'abord d'attacher Scribe à leurs destinées. Le fécond vaudevilliste, suivi de sa troupe de collaborateurs, au-

quels étaient venus se joindre les Moreau,
les Dumersan, les Dupaty, les Francis et
les Mazères, commença cette campagne
brillante, que nous l'avons vu, dix années
durant, fournir au Gymnase sans qu'un
seul jour ait diminué le succès de la
veille.

Certes, il nous serait impossible, lors
même que nous ne ferions qu'en énoncer
le titre, de rappeler ici toutes les pièces
composées par M. Scribe pour le théâtre
Bonne-Nouvelle. Il en a donné là plus de
cent cinquante [1].

1 Outre le *Colonel* et le *Mariage enfantin*, que nous
avons déjà citées, les principales sont : *l'Amour plato-*
nique, — *Frontin mari garçon*, — *Michel et Christine*,
— *la Veuve du Malabar*, — *la Loge du portier*, — *Par-*
tie et revanche, — *le Baiser au porteur*, — *la Quaran-*
taine, — *le Plus beau jour de la vie*, — *la Demoiselle*

On n'a point d'exemple d'une vogue aussi durable et aussi soutenue.

Madame la duchesse de Berry, cœur héroïque, mais tête un peu folle, contribua, par le patronage qu'elle accorda au théâtre du Gymnase, à y attirer la foule et à réunir dans une même admiration pour M. Scribe la bourgeoisie et le faubourg Saint-Germain.

« En pareille position, dit avec beaucoup de justesse M. de Loménie, Molière eût fait son public; mais Scribe n'est pas Molière. Il prit une voie plus commode, moins chanceuse, plus douce ; il se fit à son public. Renonçant aux larges propor-

à marier, — la *Lune de miel*, — le *Mariage de raison*, — un *Mariage d'inclination*, — la *Marraine*, etc., etc. Nous en passons, et des meilleures.

tions de l'art, à la rude franchise des allures, à l'énergie de la satire; il fut joli,
gracieux, coquet, verbeux, spirituel; il sut
étaler aux yeux toutes sortes de petites
situations plus ou moins scabreuses, re-
couvertes d'un voile léger et élégant; il
assaisonna le fruit défendu d'un grain de
moralité, et les dévotes les plus char-
mantes purent venir y mordre sans
crainte du confesseur. Il est incontestable
que les bonnes et rudes trivialités de Molière sont au-fond plus *honnêtes* et plus
décentes que la phraséologie roucoulante
et les incidents gazés de M. Scribe [1]. »

Notre siècle était destiné à voir un des
plus curieux phénomènes qui se soient ja-

[1] *Galerie des contemporains illustres, par un homme
de rien*, t. III, art. SCRIBE, p. 21 et 22.

mais produits à l'horizon des lettres. Nous voulons parler de cette étrange lubie qui s'est tout à coup emparée des auteurs de se mettre à deux, à trois et même à quatre pour avoir de l'esprit.

Cela peut être original, mais bien évidemment ce n'est point un progrès littéraire.

Il y a là pauvreté, doute de soi-même, impuissance. Jamais un talent nerveux et robuste ne fait appel à un autre talent pour créer une œuvre. N'avoir pas la force d'engendrer seul et prier un voisin de vous venir en aide nous semble une manœuvre assez bouffonne.

On nous répondra que la collaboration n'est pas toujours un signe de faiblesse et qu'elle peut naître du calcul. C'est très-

juste. Nous avions oublié que les mœurs
de l'arrière-boutique étaient, depuis tantôt quarante ans, implantées dans la littérature.

Or, du calcul à l'exploitation, il n'y a
qu'un pas.

De l'exploitation à ce sentiment avide
qui porte à s'approprier le travail des autres, la distance est aussi fort courte : la
probité ne se pose pas toujours en obstacle
et la laisse franchir.

Qu'avons-nous vu, de nos jours, et que
voyons-nous encore?

D'audacieux pirates littéraires chargent
sur leur navire la cargaison d'autrui, s'en
proclament les maîtres, et voguent à pleines voiles vers la renommée.

Ce n'est pas M. Scribe que nous accusons, Dieu nous en garde !

Il y a huit ans, lors d'une trop fameuse querelle, où nous a jeté l'amour du droit et de la justice, nous écrivions les lignes suivantes :

« M. Scribe n'est jamais sorti des bornes de la collaboration permise, il a nommé ses collaborateurs.

« M. Scribe a partagé non-seulement la recette, mais la gloire avec ceux qui lui sont venus en aide pour ses travaux scéniques. Il n'a point accaparé le succès à son profit, il n'a point arraché les couronnes du front de ses confrères.

« M. Scribe a fait les Duveyrer, les Bayard, les Théaulon, les Mélesville et bien d'autres. Il les prend par la main pour les conduire en présence du public, et le public les voit debout à ses côtés.

« Il ne les tient pas sous le boisseau.

« Il ne les étouffe pas secrètement dans les ténèbres de la coulisse pour venir seul moissonner les fleurs à la clarté de la rampe et jouir des applaudissements du parterre.

« Il ne leur enlève pas, en un mot, ce qu'un homme de lettres à de plus précieux, la gloire du nom[1]. »

Voilà ce que nous avons dit, et ce que nous sommes heureux de répéter aujourd'hui comme une louange.

Puisque la collaboration est à la mode, en dépit de la logique et du bon sens, on

[1] *Fabrique de romans, maison Alexandre Dumas et compagnie*, p. 33

apprendra du moins que M. Scribe est le plus honnête et le plus laborieux des collaborateurs.

Non content de faire sa part de travail, il reprend en sous-œuvre la tâche des autres et transforme complétement les scènes.

Celui qui les a écrites ne les reconnaît plus.

Un soir, au dîner mensuel de la commission dramatique, un jeune vaudevilliste, qui n'avait jamais collaboré avec Scribe, se mit à l'attaquer d'une façon presque outrageante.

— Il a fait trois cents pièces, dit-il, grâce au concours d'une multitude de gens très-forts et très-exercés. Qu'on établisse la proportion, il en résulte que, dans cette immense besogne théâtrale, l'esprit de M. Scribe est à celui de ses collaborateurs comme *un* est à *quarante*.

— Je vous affirme que vous avez tort, répondit M. Carmouche, présent au banquet.

— Ah ! fit le jeune homme. Comment le démontrerez-vous?

— Par une preuve qui m'est personnelle. J'ai fait douze ou quinze vaudevilles avec Scribe, et je puis vous affirmer que, dans toutes ces pièces, il n'y a pas un mot de moi.

La déclaration ne pouvait être plus formelle et plus sincère. Beaucoup d'autres convives avaient collaboré avec l'écrivain qu'on attaquait. Tous appuyèrent M. Carmouche et tinrent absolument le même langage que lui.

C'est pour Scribe une sorte de point d'honneur de refondre entièrement les actes qu'on lui apporte. Il donne à l'ensemble son cachet, il efface le dialogue de ses confrères et le remplace par un dialogue de sa fabrique ; il trouve d'autres ressorts, il invente des situations nouvelles, il change le nœud de l'intrigue et métamorphose les péripéties.

Avec ce système, dont il ne se départ jamais, quand une pièce est mauvaise, il la rend bonne.

Mais, en revanche, si elle est bonne, il la rend mauvaise.

Le travail est une passion chez lui. On l'a vu recommencer trois ou quatre fois une œuvre dramatique, condamnant au feu les manuscrits précédents, et se remettant à écrire sur nouveaux frais.

Un jour, M. Dupin lui propose une pièce assez médiocre, en deux actes, avec deux personnages. Scribe ajoute un rôle, change les autres, coupe un acte, jette la pièce au creuset, la refond entièrement et la fait mettre à l'étude.

Trois semaines après, l'affiche annonce une première représentation. Scribe invite à dîner M. Dupin.

— Mon cher, lui dit-il, expédions les plats, car je vous emmène au Gymnase. J'ai pris une baignoire de face. Deux personnes doivent se mettre sur le devant. Nous ne serons pas aperçus.

— Ah! ah! c'est de vous *Michel et*

Christine, à ce qu'il paraît? demande son convive:

— C'est de moi.

— Vous êtes seul pour cette pièce?.

— Non pas, nous sommes deux.

— Avec qui êtes-vous?

— Mangez toujours, vous le saurez plus tard.

Après le dîner, ils se rendent à la salle Bonne-Nouvelle. La pièce commence. Dupin dit à Scribe, après la troisième scène :

— Voilà qui est délicieux ! Ce rôle de militaire, cette jeune aubergiste... Parfait ! parfait ! parfait !

D'autres scènes se jouent, les exclamations de Dupin redoublent, et Scribe lui dit:

— Maintenant vous devinez quel est mon collaborateur?

— Ma foi, non!... Chut! plus un mot, je tiens à écouter la pièce. Elle est ravissante!

— A votre aise, dit Scribe.

Les acteurs continuent de jouer. Quand ils en sont à la neuvième scène, Dupin balbutie :

— Diable! diable! cette situation a quelque rapport avec le second acte de notre pièce... Hein? trouvez-vous?

— Bah! nous y remédierons, dit Scribe.

— N'importe, c'est fâcheux. On n'est jamais sûr de rien au théâtre. Les idées courent dans l'air, et votre collaborateur a pris celle-ci au vol... A moins qu'elle ne soit de vous?

— En vérité, non, elle est de lui.

— Comment se nomme-t-il?

— L'acte touche à sa fin ; vous allez le savoir.

Quelques minutes après, la toile tombe au milieu des applaudissements. Elle se relève bientôt pour laisser le régisseur annoncer au public que les auteurs de *Michel et Christine* sont MM. Scribe et Dupin.

Ce dernier tressaille au fond de la baignoire.

— Ah ! le mauvais père, dit Scribe, qui ne reconnaît pas ses enfants !

— Parbleu ! fit Dupin, quand on me les change en nourrice !

Il se précipite au cou de son collaborateur et le remercie du succès par une chaude accolade.

Scribe a exécuté cinquante tours de force aussi merveilleux que celui-là. Va-

lérie, sa pièce de début à la Comédie-
Française [1], était d'abord en un acte. On
destinait le rôle à Léontine Fay, l'actrice
aimée du Gymnase. Celle-ci tombe-ma-
lade. L'auteur biffe les couplets, retranche
une ligne, une seule ligne dans le dialogue, réussit à opérer deux coupes excellentes, et va lire triomphalement au co-
mité de la rue Richelieu son vaudeville
métamorphosé en une comédie en trois
actes.

On la reçut par acclamation. Mademoiselle Mars joua le rôle destiné à Léontine.

Toutes les pièces de M. Scribe peuvent
être dégagées de leurs couplets sans éprou-
ver une perte sensible. Jamais il n'a eu
de prétention au titre de poëte.

[1] En société avec Mélesville.

Le jour où l'on inventera le couplet en prose, il l'adoptera sur-le-champ.

Mais son adresse est si grande, et l'art de la scène est poussé chez lui à un si haut point, que ses couplets les plus mé-diocres sont toujours sauvés par la situation.

Et la preuve, c'est que personne, dans *Michel et Christine*, ne s'est avisé de siffler ce passage trop connu :

Un vieux soldat doit souffrir et se *taire*,
  Sans *murmurer*.

En dépit de sa pauvreté de rhythme et de son absence d'inspiration, M. Scribe a fait quelque chose comme deux ou trois cent mille vers, c'est-à-dire beaucoup plus que Lamartine et Victor Hugo.

Ses opéras-comiques ou non comiques,

au point de vue de l'art sérieux, offrent une étude amusante.

On aurait tort de s'imaginer que la poésie et la musique, ces deux sœurs harmonieuses, s'accordent ensemble.

La musique exerce sur la poésie un despotisme indigne ; elle la maltraite, elle lui rogne les ailes, elle la déchire à coups de croches et de doubles-croches, de façon que la malheureuse est obligée de prendre la fuite et de céder le pas à la vile prose, qui se pare de ses dépouilles et ressemble à une sorcière de Macbeth affublée de la robe d'une muse.

Voilà pourquoi les vrais poëtes ne s'entendront jamais avec les musiciens.

Il faut à ceux-ci un prosateur armé d'un dictionnaire de rimes, qui coupe la me-

sure à leur. caprice et se prosterne hum-
blement devant leurs exigences.

Avec Chérubini, Meyerbeer, Boïeldieu,
Rossini, Hérold, Auber et Carafa, Scribe
a gagné plus d'un million ; mais, en vérité, ce n'est qu'un médiocre dédomma-
gement de toutes les tortures que ces messieurs lui ont fait subir.

Il disait naïvement de Meyerbeer :

— Cet homme-là me fera tourner en
bourrique !

Tous ses cheveux ont grisonné dans ce
travail étrange, où il détruisait le lendemain ce qu'il avait fait la veille, pour le
recommencer et le détruire encore.

— Ici, dit un jour Meyerbeer, cor-
nant le libretto, notre sujet exige une romance.

— Bon! répond Scribe. Quelle rhythme voulez-vous?

— Je veux des vers de huit syllabes, forme carrée.

Scribe se hâte de composer la romance et l'envoie au maestro, qui la lui retourne presque aussi vite avec une lettre ainsi conçue :

« La forme carrée est absurde. Faites-moi des vers de dix syllabes, cela porte mieux la mesure. »

(Il s'agissait d'une affaire de longueur, et comme Scribe travaillait au mètre, il fallait bien se résigner. La romance rentra au moule une fois, deux fois, dix fois de suite, et quand, une semaine durant, ce manége eut pris toutes les heures de l'écrivain, Meyerbeer déchira la feuille en s'écriant :

— Pourquoi, diable! prétendiez-vous qu'il y avait là un sujet de romance?

— Eh! ce n'est pas moi qui l'ai prétendu, c'est vous !

— Vraiment?.. S'il en est ainsi, *nous* nous sommes trompés.

Un autre jour, rencontrant Scribe sur le boulévard des Italiens, et le prenant sous le bras, Meyerbeer lui glissa mystérieusement ces mots à l'oreille :

— Il m'est venu hier soir une idée magnifique.

— Pour notre opéra?

— Pour notre opéra.

— Voyons l'idée.

— Je voudrais réunir au quatrième

acte tous nos personnages afin d'avoir un septuor.

— Mais c'est impossible! dit Scribe. Les trois premiers actes sont terminés. Quand on veut une situation semblable, il faut la préparer dès l'origine.

— Sans doute, j'en conviens. C'est un énorme travail à refaire. Mais un septuor! songez-y donc, un septuor!

— Allons, soit, j'arrangerai cela, dit Scribe en soupirant.

Il consacra six semaines aux retouches. Meyerbeer prit le libretto, le garda trois ans, et dit à son collaborateur :

— Toutes réflexions faites, *notre* septuor n'ira pas. Je préfère un monologue.

Une troisième fois, il s'agissait de refondre entièrement la pièce. Scribe eut, ce jour-là, des pensées de suicide.

Tous les autres musiciens le tourmentaient par leurs extravagances. Auber lui coupait une strophe de manière à la rendre inintelligible, Boïeldieu intervertissait l'ordre des rimes et faisait hurler la prosodie, Hérold déplaçait la césure, et Carafa donnait révolutionnairement quatorze pieds à un hexamètre.

Il n'y eut pas jusqu'à mademoiselle Bertin qui ne se permît, dans le *Loup garou*[1], de faire boiter deux distiques.

Cinq ou six années plus tard, ayant sur son piano le livret de la *Esmerulda*, elle voulut essayer les mêmes licences ; mais

[1] Opéra-comique, joué en 1828. C'était le premier début musical de la fille du rédacteur en chef des *Débats*.

un sourd rugissement du lion littéraire éteignit ses notes et glaça ses accords.

Elle comprit qu'on ne traitait pas la poésie de Victor Hugo comme celle de Scribe.

Nous arrivons à 1830, époque assez fatale pour l'écrivain dont nous racontons l'histoire. Sa comédie à l'eau de rose se trouva tout à coup dépréciée. La foule s'éloigna de la parfumerie du Gymnase. M. Scribe n'avait point gardé de limites, il avait oublié la possibilité du mal de tête.

Une autre littérature que la sienne affriandait le public.

En vain il redoubla d'efforts, il n'eut plus çà et là que de rares éclairs de succès. *Une Faute*, les *Malheurs d'un Amant heureux*, le *Lorgnon*, la *Chanoinesse*, *Être aimé ou mourir*, *Une Chaumière et son Cœur*, voilà, sur cinquante ou soixante pièces, les seules qui aient pu triompher de l'indifférence générale et ramener quelques lueurs de ses beaux jours[1].

M. Scribe gardait rancune à la Révolution.

Il résolut de la souffleter à sa manière, c'est-à-dire sans beaucoup de nerf et avec un bouquet de fleurs.

Le succès de *Valérie* et du *Mariage d'argent* lui ouvrait toutes grandes les portes du Théâtre-Français ; il y fit entrer

[1] Pendant près de dix ans, c'est-à-dire de 1837 à 1848, M. Scribe n'a plus travaillé pour le Gymnase. Le directeur actuel, M. Montigny, est parvenu à le ramener à ce théâtre, où il a donné, dans ces derniers temps, une *Femme qui se jette par la fenêtre*, *Héloïse et Abeilard*, etc.

Bertrand et Raton, riant sous cape du bon tour qu'il jouait à certains personnages haut placés.

Mais on ne parut même pas s'apercevoir de l'agression.

Comme, au bout du compte, M. Scribe ne trahissait que le secret de la comédie, on le laissa faire. Peu importe, après le dénoûment, qu'un indiscret s'avise de montrer les ficelles.

Cette nuance d'aigreur chez le fécond vaudevilliste perce dans toutes les œuvres qu'il fit alors.

Il se livre un peu à l'opposition, il devient un peu voltairien, il attaque un peu la morale, il doute un peu de la Providence, parce qu'il voudrait un peu se faire craindre et devenir un peu académicien.

M. Fortoul, qui, à cette époque, a tracé le portrait de Scribe, s'exprime en ces termes :

« Il est laborieux et honnête ; mais, n'ayant pas été assez ambitieux dans les commencements, il l'est peut-être trop aujourd'hui. Il est spirituel plutôt que fin, moqueur plus que comique, et entendu plus qu'intelligent ; il a fait consister tout l'art du théâtre dans la vraisemblance et dans l'imitation de la réalité, ne sachant pas trop ce qu'il peut y avoir au delà. Si vous cherchez à le caractériser par un côté plus élevé, vous ne lui trouverez d'autre originalité que d'avoir osé rire de tout, à tout prix. Peut-être a-t-il cru sérieusement imiter en cela Rabelais, Molière et Voltaire, qui ont, il est vrai, beaucoup plus ri que lui avant lui. M. Scribe ne s'est pas aperçu que ces grands hommes tournaient l'ironie au service des idées et non pas contre elles. Quant à lui, il ne s'est servi des formes du ridicule que pour décrier tous les élans vers l'idéal. »

Cette appréciation est remarquable par sa justesse et par sa profondeur:

Scribe ressemble à une lorgnette dans laquelle on regarde par le gros bout : il rapetisse les objets.

Les personnages qu'il met en scène deviennent des nains. Avec lui la grandeur s'abaisse, la majesté s'efface, la vertu décroît.

Pour cet enfant gâté du théâtre, l'histoire n'est plus qu'un joujou ; il se divertit avec elle, il la brise, il la réduit à des proportions mesquines.

Lisez le *Verre d'eau*, si vous tenez à connaître quels grands événements, selon M. Scribe, naissent d'une très-petite cause [1].

[1] Avant le *Verre d'eau*, M. Scribe avait donné à la Comédie-Française la *Passion secrète*, l'*Ambitieux*, la *Camaraderie* et le *Fils de Cromwell*, qui paya le succès des trois autres pièces par une chute retentissante. De 1845 à 1854 il a fait jouer au même théâtre *Une Chaîne*, *Adrienne Lecouvreur*, les *Contes de la reine de Navarre*, *Bataille de Dames* et *Mon Étoile*.

On nous assure que, vers 1838, au moment où mademoiselle Mars sur son déclin avait encore la prétention de remplir les jeunes rôles, quelques sociétaires dirent à M. Scribe : « Ah! si l'on pouvait lui faire accepter les duègnes ! — Pourquoi non? répondit-il. Gageons que je la décide ! » On tint le pari. M. Scribe se mit au travail sur-le-champ et composa pour mademoiselle Mars un rôle de grand'mère. Seulement, afin de lui dorer la pilule, il imagina de mettre dans la pièce un futur qui, sur le point d'épouser la petite-fille, tombait amoureux de l'aïeule. La comédie faite, il se hâta de la lire à la célèbre actrice, qui la trouva charmante. « Vous comprenez, lui dit Scribe, quel rôle je vous destine? — Certainement, répondit mademoiselle Mars; mais qui allez-vous prendre pour jouer la grand'mère? »

Ce genre de comédie offre beaucoup d'intérêt, nous ne le contestons pas; mais au lieu d'éclairer il obscurcit, au lieu d'enseigner il abuse.

Tout réduire à une mystification, cela peut être spirituel, mais ce n'est pas moral.

En flattant par calcul les goûts du vulgaire, M. Scribe ne voit pas qu'il travaille exclusivement pour la sottise présente.

A l'horizon des sociétés futures, le scepticisme n'aura jamais de perspective. L'homme a besoin d'espérer et de croire.

Du reste, quand on chatouille assez agréablement l'épiderme à son siècle pour

Scribe, en face d'une pareille question, ne pouvait plus garder le moindre espoir de réussir. Il vint déclarer qu'il avait perdu la gageure, et porta sa pièce au Gymnase, où elle fut jouée par Léontine, le 14 mai 1840, avec un grand succès. C'était une revanche de *Valérie*.

le convaincre qu'il s'amuse, ou mérite une récompense. La palme académique vint consoler M. Scribe des torts que la Révolution de juillet avait eus à son égard [1].

Le jour où il s'installa sur le siége laissé vacant par la mort de M. Arnault, un académicien (celui-là sûrement lui avait refusé sa voix) osa dire assez haut pour être entendu du récipiendaire :

— Ce n'est pas un fauteuil qu'on doit donner à ce monsieur, c'est une banquette pour asseoir ses quarante-huit collaborateurs et lui.

Un autre ajouta :

— Depuis quand recevons-nous les agents de change ?

[1] Il fut admis à l'Institut en 1836. On le voit très-rarement assister aux séances.

Ces deux mots prouvent qu'on peut être quelquefois spirituel à l'Académie et que la méchanceté n'en est pas exclue.

On a trop attaqué M. Scribe à propos de sa réception. La presse surtout s'en est montrée furieuse jusqu'à la rage, ce qui laisse croire, en fin de compte, que le candidat n'était pas sans mérite. Sur quarante immortels, il y en a vingt-cinq, au moins, qui peuvent prendre place au-dessous de lui.

Si M. Scribe était littéraire, s'il était descendu profondément dans la nature humaine au lieu de l'effleurer et de s'arrêter à la surface, il serait une des plus grandes illustrations du théâtre; mais il a modelé la cire, quand il pouvait ciseler l'airain; mais il a fait de l'exploitation, quand il pouvait faire de l'art ; mais il a courtisé le présent au préjudice de l'avenir, et le présent, qui n'a pas le droit de sanctionner la gloire, n'a pu que lui donner de l'or.

M. Scribe a deux ou trois millions dans ses coffres.

La régularité constante avec laquelle il conduit sa barque financière lui permet de la lester chaque jour et d'y entasser de nouveaux lingots sans la faire chavirer.

Ses droits d'auteur montent parfois à des sommes énormes. Il a eu des années où les recettes dramatiques enregistraient pour son compte cent soixante ou cent quatre-vingt mille francs [1].

[1] La progression du chiffre de vente du manuscrit de ses pièces aux libraires est à étudier. En 1812, Barb lui achète l'*Auberge* 100 fr., payables, non en espèce, mais en volumes. En 1816, le *Comte Ory* est vend

Si vous interrogez les éditeurs sur le caractère de Scribe, ils ne manqueront pas de le noircir. Vous pouvez être sûr d'entendre sortir de leur bouche une accusation d'avidité.

Holà ! messieurs, holà ! Nous vous arrêtons au collet sur ce grand chemin de la calomnie.

Assez et trop longtemps vous avez dépouillé les auteurs. Il est juste qu'on vous fasse un peu rendre gorge.

Marchands de l'esprit des autres, vous avez droit à une remise honnête, mais non pas à la totalité des fruits de la vente.

400 fr. En 1822, un éditeur pousse *Valérie* jusqu'à 3,000 fr., et, en 1833, *Bertrand et Raton* monte à 4,500 fr. Aujourd'hui M. Scribe ne donne pas à moins de 5,000 fr. la permission d'imprimer une pièce en cinq actes.

Scribe a voulu le premier compter avec vous, et certes, pour lui comme pour ses confrères, l'idée n'a pas été mauvaise.

Laissez-nous la gloire, fort bien ! mais ne prenez pas tout l'argent.

Il est mieux placé, croyez-le, dans nos mains que dans les vôtres, et M. Scribe en est une preuve vivante. Jamais un lit-térateur malheureux n'a recours à lui sans qu'aussitôt il ne lui tende une main libérale.

On cite à son éloge des faits qui eus-sent honoré saint Vincent de Paul.

Un matin, de très-bonne heure, Sain-tine, pressé d'en finir avec une collabora-tion, se rend à l'hôtel que son ami venait d'acheter rue Olivier-Saint-Georges.

Dans la rue, sous la porte cochère, le

long de l'escalier, il aperçoit une foule de
malheureux ouvriers du voisinage. Il les
interroge. Ceux-ci lui apprennent que
tous les premiers du mois, depuis le ra-
lentissement des travaux, Scribe leur sert
une petite pension, au moyen de laquelle
ils soutiennent leur famille, et qu'il a promis de leur continuer jusqu'à la reprise
de l'ouvrage.

Cela durait déjà depuis longtemps.
Saintine, familier de la maison, n'en était
pas instruit.

Scribe a dépensé de la sorte plus de
cinq cent mille francs, en secours, en au-
mônes, en dots [1] et en cadeaux. Il lui est

[1] Il a marié une de ses nièces à M. Bayard. Celui-
ci avait la réputation de décrier toutes les pièces des
autres et de les entraver autant que possible. « Quel
excellent neveu j'ai là, disait Scribe, mais quel détes-
table confrère ! »

permis, par conséquent, d'être un peu serré avec les éditeurs et d'enlever de leur bourse un argent que ceux-ci n'emploieraient peut-être pas en bonnes œuvres.

Quand Scribe ne donne pas ses deniers aux personnes qui viennent à lui dans la détresse, il leur donne sa collaboration, ce qui parfois vaut mieux encore.

On nous cite, à cet égard, une anecdote curieuse.

Une dame d'un certain âge, ancienne maîtresse d'institution, lui apporte le manuscrit d'un vaudeville intitulé les *Empiriques d'autrefois.*

— Mon Dieu, madame, dit Scribe, je suis accablé de besogne ; vous risquez d'attendre longtemps.

— N'importe, dit-elle, pourvu que

mon tour arrive, c'est tout ce que je demande.

Elle laisse le manuscrit entre les mains du savant charpentier, trop heureuse d'emporter une espérance.

Le lendemain, Scribe apprend que cette dame est dans une situation de fortune déplorable et presque voisine de la misère. Il quitte tous ses autres travaux, prend le manuscrit des *Empiriques*, arrange, corrige, refond la pièce, la porte au Gymnase, et la fait jouer, le tout en moins de six semaines.

Par malheur, elle n'eut qu'un succès d'estime.

La maîtresse d'institution s'empressa d'apporter à Scribe deux autres vaudevil-

les, dont elle espérait tirer plus d'argent
que du premier.

Cette fécondité du bas-bleu devenait
inquiétante.

Scribe appela Guyot [1] et lui donna l'ordre de faire rapporter aux *Empiriques,*
joués ou non, douze cents francs par an
de droits d'auteur.

Il créait ainsi à madame Friedelle (c'é-
tait le nom de sa collaboratrice) une pension de six cents francs, afin qu'elle le
laissât en repos.

Mais le contraire arriva.

La délicatesse même du secours exposait
Scribe à des visites presque quotidiennes,
et le déluge des manuscrits allait croissant.

[1] L'un des deux agents dramatiques chargés de la
perception des droits.

— Travaillons, monsieur Scribe, travaillons! disait la dame. Je touche pour ma part des droits considérables; donc, les *Empiriques* ont du succès. Le mois dernier, c'est nous qui avons fait les plus fortes recettes en province.

Scribe fut obligé de se sauver à la campagne pour échapper à ces argumentations victorieuses.

Madame Friedelle n'a jamais connu le secret des livres de l'agence. Jusqu'à sa mort, elle a touché ses droits d'auteur fort régulièrement, un peu scandalisée toutefois de voir Scribe faire quarante ou cinquante pièces avec Mélesville, quand il n'en avait fait qu'une avec elle.

Tous les grands producteurs ont adopté pour leur travail une sorte de règlement inflexible, dont ils ne s'écartent à aucun prix.

La manière de travailler de Scribe reste la même depuis trente ans. Il n'y change rien, quoi qu'il arrive.

A cinq heures du matin, été comme hiver, il s'installe devant un pupitre élevé qui lui permet d'écrire debout. Il y reste invariablement jusqu'à midi, déjeune, va surveiller ses répétitions ou rumine ses plans. Le lendemain, il recommence, et la roue de la fabrication dramatique ne s'arrête jamais [1].

[1] Un auteur du boulevard, marié richement, fit représenter beaucoup de ses premières pièces au moyen de diverses sommes assez rondes payées aux directeurs de théâtre. Sa femme, persuadée que tous ses confrères employaient le même procédé, dit un jour, après avoir lu un feuilleton de Janin : « Trois pièces de M. Scribe

Nous savons de bonne source que Scribe a dressé lui-même, par ordre alphabétique, la liste complète de ses œuvres théâtrales. S'apercevant que trois lettres lui manquaient, le K, l'Y et l'X, il se hâta de confectionner le *Kiosque* pour l'Opéra-Comique, *Yelva* pour le Gymnase et *Xacarilla* pour le grand Opéra.

Aujourd'hui l'alphabet n'a plus rien à lui reprocher.

Le chiffre de la liste monte à trois cent quarante-cinq pièces qui, réunies, forment, huit cent quatre-vingt-dix-sept actes.

Traînant après lui ce bagage énorme, M. Scribe a fait, de temps à autre, quelques excursions sur le territoire du roman.

cette semaine! En vérité, c'est de l'extravagance! il se ruinera! »

Beaucoup de ses nouvelles ont été publiées par le *Siècle*[1]. Ce journal, dont la caisse déborde toujours, acheta un beau matin *Piquillo Alliaga* pour la somme de vingt mille écus.

Les abonnés gardent pitoyable souvenir de cet immense délayage excessivement peu littéraire. Ils n'engageront certes pas le *Siècle* à recommencer pareil sacrifice. Le style de M. Scribe se supporte au théâtre, mais on ne l'accepte plus dans le livre. Ses petits rouages dramatiques s'engrènent mal et ne peuvent conduire

[1] Les principales sont : *Carlo Broschi*, la *Maîtresse anonyme*, *Judith*, le *Roi de Carreau* et *Maurice*, dont nous avons déjà parlé précédemment. Cette dernière nouvelle est une histoire véritable, à laquelle M. Scribe s'est trouvé mêlé comme acteur. Tous les héros qu'il a mis en scène existent encore. (Voir le tome XI° de ses OEuvres complètes, édition Lebigre, page 110.)

une œuvre de longue haleine; ils ralentis-
sent l'intérêt, ils détruisent le nerf de
l'action, ils s'endorment et endorment le
lecteur.

En attendant, les vingt mille écus du
Siècle ont servi à acheter une forêt, que
l'opulent écrivain a pu joindre à son parc
de Séricourt[1], sous le nom de *bois de Piquillo.*

La campagne de M. Scribe est un véritable paradis terrestre.

Après avoir maîtrisé les eaux de quelques terrains marécageux, il a réussi à
former trois rivières qui arrosent les cinq
cents arpents de son domaine.

Il y a la rivière de *Robert le Diable,*

[1] Terre magnifique, située dans le département de
Seine-et-Marne, près de la Ferté-sous-Jouarre.

celle des *Huguenots* et celle de la *Juive*.

Tout cela serpente au travers du *bois de Piquillo*, murmure sous les bosquets de la *Sirène* et baigne les quinconces du *Prophète*.

Madame Scribe[1] a essayé de métamorphoser son époux en horticulteur, afin de le détourner d'un travail qui le fatigue et qui n'est plus de son âge. Elle a perdu son temps et ses peines.

---

[1] Le vaudevilliste s'est marié à quarante-huit ans avec madame Biollay, veuve d'un marchand de liqueurs. Sa femme avait deux fils, dont l'un vient d'épouser mademoiselle Bayard. On assure que Scribe s'est décidé au mariage pour échapper aux séductions trop multipliées des débutantes de Paris et de la banlieue, qui venaient lui arracher des rôles à force de sourires et d'œillades. Depuis cet hymen, sa santé chancelante se fortifie. On l'entoure de prévenances. Le valet de chambre a le mot d'ordre de madame Scribe; il n'écoute pas son maître, et celui-ci est parfaitement soigné sans qu'il y paraisse.

Le voyant depuis quelques jours se retirer au fond d'une serre, elle pensa qu'il prenait goût à la culture des fleurs. Quand elle accourut lui adresser des félicitations à cet égard, elle le trouva terminant le vaudeville des *Camélias*[1] sur la caisse d'un géranium renversé.

Dans sa campagne de Séricourt Scribe est un véritable seigneur châtelain. Sa femme et lui sont adorés des villageois d'alentour.

Il n'est pas une chaumière que madame Scribe ne visite. Les malheureux du pays la regardent comme leur providence, et l'hiver ne la ramène à Paris que pour y secourir d'autres infortunes.

[1] Cette pièce est restée en portefeuille à cause de son titre, que le succès de la *Dame aux Camélias* rendait impossible.

C'est un ange de charité [1].

Fières de la prendre pour modèle, toutes les dames riches du deuxième arrondissement se sont coalisées pour la bien-
faisance, et, grâce à cette association, plus
de cent cinquante familles sont à l'abri de
la misère et de la faim.

— Écoute, dit Scribe à sa femme,
laisse-moi travailler; j'abandonne mes droits
d'auteur à tes pauvres.

Depuis ce moment, elle trouve qu'il
n'écrit plus assez de pièces.

Il est vrai que le fécond vaudevilliste
est un peu à court de sujets. La mine est

[1] Béranger connaissait beaucoup madame Scribe avant
son mariage. « Ah! ma chère amie, lui disait-il, en
devenant une grande dame, vous allez perdre vos excellentes qualités! » Le vieux chansonnier n'a pas été
bon prophète.

épuisée; mais il fouille dans ses cartons et y trouve d'anciennes ébauches qu'il achève, et dont il réussit encore à faire des tableaux présentables.

La recette continue à être excellente.

Scribe possède une autre ressource, qu'il a de tout temps mise en œuvre : c'est de s'approprier les sujets mal compris par les autres vaudevillistes et de les replacer sur le chantier. Son habileté dans ce genre de travail est extrême. Il coupe, taille, rabote les actes, leur donne une couche de vernis et les vend comme neufs.

Parfois un directeur avisé s'aperçoit du jour.

— La *Rose blanche*, la *Rose blanche!* lui dit un jour Crosnier, n'est-ce pas le titre d'une pièce jouée, il y a un an, à la Gaîté?

— J'en conviens, répond Scribe.

— Est-ce le même sujet?

— Absolument le même.

— Diable!... Mais la pièce n'a pas réussi là-bas.

— Que vous importe, si elle réussit chez vous?

Crosnier se décide à recevoir le libretto. La musique se compose; le jour de l'épreuve arrive, et la *Rose blanche* est applaudie à tout rompre.

Notre héros assiste, au fond d'une loge, à toutes les premières représentations. Quand une pièce tombe, il se frotte les mains en disant :

— Je la referai l'année prochaine !

M. Scribe est d'un caractère très-doux.
Il a des formes légèrement aristocratiques,
mais pleines d'amabilité, de tact et de con-
venance. Ayant organisé une petite soirée
du jeudi, uniquement pour se donner la
joie d'une partie de whist, il ne peut jamais y parvenir, occupé qu'il est sans cesse
à faire accueil à tout le monde et à remplir ses devoirs de maître de maison.

Nous touchons à la limite tracée par
notre cadre, et cependant nous aurions encore une foule de détails curieux à donner
sur le personnage illustre que nous met-
tons en scène.

Il n'est pas aimé de ses confrères pour
deux motifs.

Le premier, c'est qu'il n'entre jamais
dans les estaminets, où trop souvent ces

messieurs collaborent, le cigare aux lèvres,
entre la bière et le cognac.

Le second, c'est que, dans la plupart des
villes de l'Europe et même dans nos pro-
vinces, on ne connaît qu'un seul nom.
C'est le nom de M. Scribe.

On lui attribue toutes les pièces jouées
à Paris. Il n'est pas rare de voir des affi-
ches annoncer en lettres gigantesques :

« TARTUFE, *comédie en cinq actes, de*
M. Scribe. — LUCRÈCE, *tragédie en cinq
actes, de* M. Scribe. » etc., etc.

Tous les succès lui appartiennent, toutes
les couronnes se réunissent sur son front.
Il n'y a pour les provinciaux et les étrangers qu'une gloire dramatique, toujours
la même, toujours rayonnante, la gloire
de M. Scribe.

C'est l'homme le plus heureux de la terre.

Tout le monde veut lui donner, personne ne lui prend rien.

Les plus hauts personnages ont brigué l'honneur de sa collaboration, et Louis-Philippe lui même, si l'on en croit Frédéric Thomas [1], a commis un vaudeville avec M. Scribe.

Honneur donc à cet homme universel !

Qu'il moissonne la gloire présente, qu'il s'enivre des hommages du moment, qu'il cueille les lauriers du jour.

Si l'avenir le renverse de son piédestal, il ne sentira pas la chute.

Entre ses mains la plume est devenue

[1] Voir dans l'*Estafette*, sous le titre *Courrier du palais*, son spirituel feuilleton du 11 juin dernier.

le caducée de Mercure ; il lui doit sa fortune et son indépendance. Aussi prend-il
une plume pour devise, avec cette lé-
gende :

Inde fortuna et libertas.

Or, si nous avons reconnu le mérite de
M. Scribe en fait d'agencement et de charpente, nous sommes loin de le proposer
comme un modèle à suivre en tout.

C'est un observateur très-habile, mais
qui s'arrête à la surface des choses et n'ap-
profondit rien. Ses œuvres sont le reflet
exact d'une époque sans caractère, d'un siècle sans force et sans élan. Nous trouvons en
lui l'écrivain bourgeois par excellence, et
la bourgeoisie s'est extasiée naturellement

devant le tableau qui la représente. Comme
le bourgeois, M. Scribe est superficiel ;
comme le bourgeois, il possède ce demi-
savoir qui est un des fléaux de l'époque,
et qui, après avoir tout gâté en religion
comme en politique, envahit aujourd'hui
la littérature et les arts..

M. Scribe n'a point d'initiative.

Il s'applique à restreindre ses horizons,
à demeurer au niveau de son public ; il
s'accroupit volontairement dans l'ornière,
il comprime les ressorts de son intelligence,
il ne veut que des idées rebattues, il n'accepte que les mots vieillis. Quand un trait
se présente sous sa plume, il l'analyse, le
dissèque et le biffe sans pitié, s'il ne doit
pas être compris de tout le monde.

M. Scribe travaille sciemment et par

calcul pour les esprits médiocres, c'est-à-
dire pour le plus grand nombre.

Le mot qui court les rues, le calembour
répété par tous les *ana*, voilà ce qu'il
cherche. Il les place en situation avec une
sûreté de coup d'œil admirable. Du parterre aux loges, on les accueille par un
éclat de rire, on les salue comme de vieilles
connaissances.

Est-ce là du génie? Non, c'est de l'a-
dresse.

Nous dirons plus, c'est la boutique et
le cours de la Bourse appliqués aux lettres.

Toutes les fois qu'un écrivain semble
dédaigner le style et n'apporte pas son
tribut au perfectionnement de la langue,
il est dans ses torts. Que le prosaïsme de
son époque lui donne un succès passager,

qu'il exploite ce succès, qu'il fasse fortune, très-bien !

Mais qu'il renonce à la gloire à venir.

Les littératures d'engouement et de transition passent avec le hasard ou la fantaisie qui leur ont donné naissance ; les pièces de M. Scribe vieilliront en même temps que les hommes dont elles ont reçu les éloges.

Pas une, c'est triste à dire, n'a ce cachet d'éternelle vérité qui distingue les œuvres de Molière et les rendent aussi jeunes, après deux cents ans, que le jour où elles ont été représentées en face du grand siècle.

M. Scribe n'est jamais dans la nature, il est dans la convention. La convention passe, que reste-t-il ?

A présent que nous avons obéi à un

devoir rigoureux et descendu de son trône
le roi du théâtre moderne, donnons-lui la
place qui lui convient au-dessous des
maîtres..

Elle est encore assez honorable pour
qu'il en soit fier.

Si M. Scribe manque de style ; si de la
multitude de pièces fort bien charpentées
dont il dote la scène, il n'en est pas une
qui mérite le nom de chef-d'œuvre et qui
doive rester comme un monument de génie,
ce n'en est pas moins un auteur de circonstance très-précieux.

Il ne fait point progresser l'art, il se
garde d'enrichir la langue ; mais personne
ne lui refuse un talent réel que peu d'écrivains dramatiques possèdent, celui de nouer
l'intrigue et de la dénouer par mille petits

moyens dont il a le secret, qu'il tourne et retourne à l'infini, sans que le spectateur s'aperçoive de la ruse.

Une fois enveloppé dans cet inextricable réseau dont M. Scribe serre autour de vous les mailles invisibles, vous ne vous appartenez plus à vous-même. Il faut, bon gré, mal gré, faire abstraction de votre jugement et de votre goût pour admirer ce qu'on vous présente. On vous retient terre à terre, et vous y restez sans vous plaindre. Vous riez du bon mot le plus commun, vous écoutez un dialogue que jamais vous n'eussiez consenti à lire, et vous l'écoutez avec intérêt, sans effort. La situation vous enchaîne, le réseau se noue de plus en plus, vous êtes prisonnier de M. Scribe.

Quand la toile tombe, vous avez beau

dire : Où est le but? Qu'est-ce que cela prouve?

Il est trop tard.

– Les cinq actes sont finis; vous avez entendu la pièce d'un bout à l'autre sans pouvoir rompre le charme; vous avez applaudi peut-être, et demain vous applaudirez encore.

Nous croyons être juste dans cette appréciation toute littéraire, et nous la maintenons, bien qu'elle ne doive ni convaincre beaucoup de monde, ni empêcher M. Scribe de remporter au théâtre de nouvelles victoires, en se servant du même procédé.

Il en est des écrivains comme des modes : plus on les critique, plus ils font fureur.

Jamais M. Scribe n'a connu le besoin;

jamais on ne l'a vu se débattre dans ces entraves de la vie matérielle, qui arrètent l'essor de beaucoup de talents. De son patrimoine, il possédait quatre ou cinq mille francs de rente. Le but unique de ses travaux a été d'accroître cette fortune et d'en porter le chiffre à des proportions fabuleuses. Un mercier dans son échoppe, un banquier dans son comptoir, n'ont jamais eu plus d'âpreté à la vente, plus de rigidité dans le calcul. Scribe est le bourgeois lancé avec tous ses instincts dans le domaine de l'art. Il y apporte l'économie, l'ordre, la finesse commerciale, le génie des affaires.

Sa muse compte les gros sous et tient les livres comme une marchande de la rue aux Ours.

Entrez dans le cabinet de l'auteur du *Verre d'eau*, vous y trouverez certain registre, où s'aligne, au-dessous des trois ou quatre cents pièces qu'il a produites, le chiffre exact de leurs recettes, soit à Paris, soit en province. Il peut suivre ainsi la marche de son talent dramatique, jour par jour, écu par écu, addition par addition, jusqu'au total énorme amassé à l'heure actuelle, et qui ne peut manquer d'augmenter encore.

M. Scribe, nous l'avons déjà dit, a deux ou trois millions de fortune.

Est-ce à dire qu'il mérite le blâme pour avoir su s'enrichir? Non, certes; nous le trouvons dans son droit le plus légitime, et, d'ailleurs, il est impossible, comme nous l'avons prouvé, de voir un homme employer l'or qu'il gagne à un plus digne et plus noble usage.

Mais un esprit qui a vers l'argent quelque tendance néglige à coup sûr la gloire.

Quand on s'occupe de remplir un coffre, on cède à la tentation d'abandonner l'art, pour faire du métier; on sacrifie aux goûts vulgaires, on se trompe soi-même sur la nature du succès, et l'on prend l'antre de Plutus pour le temple d'Apollon.

N'est-ce pas un peu le cas où se trouve M. Scribe?

A-t-il jamais travaillé dans ce recueillement absolu, dans cette absence de préoccupations, dans ce calme religieux de l'esprit qui enfantent les chefs-d'œuvre? Nous sommes loin de le croire.

Il ne cultive pas les lettres, il les exploite.

Dans ce siècle de vapeur et de chemins de fer, il applique la locomotive au théâtre.

Sa marche est plus rapide, il arrive au but en un clin d'œil; mais demandez-lui quels pays il a parcourus, quelles observations il a faites, quelles notes il rapporte du voyage, vous le mettrez dans un grand embarras : il n'a eu le temps de rien voir, de rien étudier, de rien approfondir.

M. Scribe est un arbre plein de séve qui n'a voulu produire que des fleurs.

FIN.

Monsieur

je n'aurai voulu vous repondre qu'en vous envoyant ce
que je vous dois depuis si longtemps, mais dans ce moment
pressé entre mes visites pour l'académie et mes répétitions
d'une pièce en cinq actes aux français, je n'ai pas dans
ma journée un moment pour écrire et même pour penser
mais la semaine prochaine je serai debarassé de ces deux
ennuis et je pourrai enfin songer à payer mes dettes.

recevez, mon cher et indulgent créancier, les
amitiés de votre trei parresseux mais tous devoué debiteur